島田裕巳

葬式格差

GS
幻冬舎新書
491

JN192943

はじめに

葬式費用はだいたい200万円だが、ここには厳然とした格差がある

「地獄の沙汰《さた》も金次第」

このことわざは、今でも生きている。

葬式の費用というものは、かなり気になるものだが、最近では規模が小さくなったこともあり、全体に減少傾向にある。

２０１７年に一般財団法人日本消費者協会が発表した「第11回　葬儀についてのアンケート調査」では、費用の総額は全国平均で、１９５万７０００円だった。

内訳は、葬儀費用一式が１２１万４０００円、飲食接待費が30万６０００円、寺院費用が43万７０００円である。

なお、２０１４年の第10回調査では、費用の総額は１８８万９０００円で、10年の第

9回では199万9000円だった。

第9回の調査では、協会の消費生活モニターと会員1024人にアンケートを郵送し、98％の回収率となっているが、そのうち、「過去3年以内に身内に葬儀のあった人」は294人で、全体の29・2％だった。

300人程度ではサンプルの数が少ないと、葬祭業者や葬儀関係者のなかには、日本消費者協会の調査結果に疑問を抱く人間たちもいる。だが、3回の調査では、ほぼ同じような額が出ている。

また、葬祭業者のくらしの友が、2015年7月に一都三県（東京、神奈川、千葉、埼玉）でここ3年の間に葬式で喪主、ないしは喪主に準じる役割を果たした400人にインターネットを通して行った調査でも、費用の総額は212万1000円という結果が出ている。東京を中心とした地域では物価が高く、それが葬式の費用にも反映されていると見ることができるだろう。

さらに、鎌倉新書が2015年に過去2年半以内に葬式を経験した1851人に聞いた「第2回　お葬式に関する全国調査」でも、総額は約184万円という結果が出ている。

この調査の内訳は、葬式の平均金額、飲食費用の平均金額、返礼品費用の平均金額からなっており、寺院関係の費用は含まれていない。寺院関係の費用を加えれば、さらに費用は高くなるだろう。

この調査の1回目は2013年に1847人を対象に行われており、その際には、202万9000円だった。

いずれの調査も、総額で200万円前後という数字が出ており、これをもって現在の葬式費用の相場と考えていいだろう。これより、少ない費用を示した調査は存在しない。

鎌倉新書の調査で注目されるのが、費用の分布である。

葬式そのものにかかった費用（飲食と返礼品の費用は除く）では、40万円単位で、それぞれの割合が示されている。

それによれば、240万円以上が6・8％で、200万円以上240万円未満が5・7％、160万円以上200万円未満が14・4％、120万円以上160万円未満が13・5％、80万円以上120万円未満が27・1％、40万円以上80万円未満が19・3％、

40万円未満が13・3%だった。

もっとも多いのが、80万円以上120万円未満である。平均の費用は、そのなかに含まれる119万円である。

40万円未満の葬式の費用と、240万円以上の葬式の費用では、6倍以上の開きがある。同じ一人の人間が亡くなったとしても、葬式にかかる、あるいは葬式にかける費用はかなり違うのである。

そこにはもちろん、故人の年齢がかかわっている。

高齢で亡くなれば、年齢が上になればなるほど、参列者は少なく、葬式の規模は自ずと小さくなる。最近では、身内だけで行う「家族葬」や、火葬場に直行し、通夜も通常の葬儀・告別式も省く「直葬《ちょくそう》」が増えている。そうした形態の葬式であれば、費用は一般の葬式と比べて安く済む。

逆に、故人の年齢が若く、まして働き盛りであったということになれば、日頃、故人とかかわりのある人間も多く、参列者は多くなり、葬式の費用もそれに比例して高くなる。

したがって、単純に手厚く葬られる故人と、そうではない故人との間に格差が存在するとは言えない。だが、最近では、孤独死をとげ、たとえ身内がいても、葬式を出すことを拒否されるような死者も増えている。

その場合には、自治体が費用を賄い、直葬で葬られる。当然、火葬される場では、自治体から依頼された葬祭業者以外には参列者がいない。これでは、死者を葬る仕方としてはあまりに寂しく、切ない、そう感じる人も少なくないだろう。

その一方で、これも最近は数が減っているが、著名人の場合だと、参列者もかなりの数にのぼり、立派な葬式が営まれる。企業の創業者ともなれば、会社を挙げて社葬が営まれる。

葬式には厳然と格差が存在するわけである。

最近、火葬が増えてきたイギリス・アメリカともに日本よりはずっと安い

これが、欧米の場合だと、事情は違う。

イギリスの共済保険・年金企業である「ロイヤル・ロンドン（Royal London）」に

よれば、2017年におけるイギリスでの葬式の平均費用は3784ポンドである。1ポンド149円で計算すると、これは日本円で約56万4000円に相当する。

日本よりもかなり安い。しかも、このなかには埋葬費用も含まれている。土葬にするか、火葬にするかで、費用は異なっており、土葬では4257ポンド、約63万4000円で、火葬では3311ポンド、約49万3000円である。土葬のほうが3割ほど高い。

最近では、イギリスでも火葬のほうが土葬よりも増え、その割合は75％程度に達している。ただ、日本とは異なり、火葬したとき、遺灰は、火葬場に用意された場所などに撒いてしまうのが基本で、墓を造ることはない。

アメリカでも、土葬と火葬の割合が最近になって拮抗《きっこう》するようになってきた。土葬の場合、埋葬まで含めた葬式の費用の総額は、2016年で約1万1000ドルである。1ドル112円で換算すると123万2000円となる。

アメリカでは、土葬する際に、「エンバーミング」といって、遺体に化学処理を施し、故人があたかも生きているかのように見せる工夫がなされ、棺《ひつぎ》も立派なものが選ばれる。その分、費用が嵩《かさ》む。火葬のほうが1000ドル以上安くなるので（2000ドルから

4000ドルも安いというデータもある)、これは、イギリスと同じ傾向だと言える。アメリカでも、火葬した後の灰は撒いてしまい、墓に安置することはない(Jim T. Miller, This Is How Much An Average Funeral Costs, HUFFPOST,10/17/2016など)。

さらに日本では200万円の墓代がかかる

イギリスとアメリカでは、金がなければ、土葬ではなく火葬を選ぶ傾向がある。土葬して墓石を建てても、日本のように立派な石を使うことはない。

イギリスやアメリカでは、葬式の費用と言ったとき、そこには、埋葬、あるいは火葬の費用もすべて含まれており、別に墓の費用がかかるわけではない。それは日本との大きな違いで、これまで日本における葬式の費用について述べたところでは、墓の費用はまったく含まれていなかった。

墓の費用については、鎌倉新書が2017年に行った「第8回　お墓の消費者全国実態調査」がある。そこでは、購入総額(永代使用料＋墓石代＋その他費用)の全国平均は181万5000円という結果が出ている。なお、前年の第7回調査では201万5

000円で、さらにその1年前の第6回調査では196万4000円だった。

墓にかかる費用は下がっているように見えるが、これに葬式の費用を合わせれば、400万円前後になる。イギリスで火葬した場合と比べると約8倍も高く、アメリカと比べても4倍近くなっている。

葬式の簡略化が進み、全体に額は下がったとは言え、イギリスやアメリカと比べると、日本において人を葬ることにかかる費用は依然としてかなり高い。しかも、火葬した後のことを考えると、日本は相当に厄介である。

それだけ日本人は、葬式を重要視してきたとも言える。だが、現在では、さまざまな事情から、葬式に手間をかけられなくなっている。だからこそ、葬式の簡略化が進むのである。

ところが、葬式の簡略化が進み、それにつれて葬式に参列する機会も減ったことで、日本人の葬式についての知識は昔よりもはるかに乏しいものになっている。

つまり、葬式を出さなければならなくなったとき、その経験がなく、どうしていいか分からなくなってしまうのだ。

そうなると、葬祭業者の言いなりで、満足できない葬式に終わってしまうことになりかねない。

人の葬り方には地域差が大きい。それぞれの地域に住む人たちは、自分たちのやり方が他の地域でも行われていると、勝手に思い込んでいるが、実はそうではない。かなりの違いがそこにある。

しかも、そこには、宗派の違いも影響している。今でも、仏教式の葬儀を選択することが多いので、その点も重要だ。

さらには、葬式のことが分かっていないために、最近では、おかしな葬式も増えている。参列して変だと思っても、なかなかその場では言い出せないものである。

いったい私たちはどうやって終の住み処を見出していけばいいのか。最終的にはそれが問題である。

この本では、格差ということをキーワードにしながら、現代の日本人と人の葬り方とのかかわりを見ていきたい。

葬式格差／目次

第6章 宗派格差

――仏教式葬式の成り立ちと宗派ごとの違い

第7章　本物の坊さんとは
――戒律と僧侶の資格

第8章　急増するおかしな葬式
――過剰な演出が増える一方で簡略化する動きが

第1章　火葬格差

——東京23区民だけが突出して高い火葬代を支払っている理由

火葬するだけで5万9000円かかる東京23区

「秘密のケンミンＳＨＯＷ」というテレビの人気番組がある。

日本には47の都道府県があるが、それぞれの地域で特有の食べ物を紹介するというのが、この番組の売りである。

この番組を見ていると、地域によって、常日頃食べているものがかなり違っていることがよく分かる。聞いたこともない食べ物が紹介されることも多く、そこが人気に結びついている。

方言などが紹介されることもあるが、地域によって使われることばも違えば、県民性も異なる。最近も、街頭インタビューの撮れ高が、群馬県は大阪府と並んで高いという話が取り上げられていた。

近代社会では、地域は均一なものになっていくというのが一般的な常識である。とくにテレビの発達は地域性を破壊し、それぞれの地域の文化を変わらないものにしてきたと指摘される。

だが「秘密のケンミンＳＨＯＷ」を見る限り、地域による違いは、今でも、意外なほど健在のようなのだ。

それは、人を葬るということについても言える。どのようにして葬るか、地域特有のやり方は「葬送文化」としてとらえられるが、葬送文化は、一般に思われている以上に地域によって違うのである。

葬式に参列したときのマナーが、地域によって違うということは、それなりに認識されていることだろう。

たとえば、富山、石川、福井の北陸３県は、浄土真宗の信仰が広がっていて、「真宗地帯」とも呼ばれるが、浄土真宗では、葬式から帰宅したときに「清めの塩」を用いないことになっている。

それは、浄土真宗が、死後に西方《さいほう》極楽浄土に生まれ変わることを信仰上の目的としており、死を穢《けが》れとしてはとらえないからである。

しかし、違うのはそうしたマナーだけではない。実は、「火葬格差」なるものが存在しているのだ。

東京の23区には、9箇所の火葬場がある。町屋《まちや》（荒川区）、落合（新宿区）、代々幡《よよはた》（渋谷区）、四ツ木《よぎ》（葛飾区）、桐ヶ谷《きりがや》（品川区）、堀ノ内（杉並区）の各斎場、それに、瑞江《みずえ》葬儀所（江戸川区）、臨海斎場《りんかい》（大田区）、戸田葬祭場（板橋区）である。

火葬場で火葬をしてもらえば、当然、火葬料がかかる。東京23区の火葬料は、大人で5万9０００円、子どもで3万2３００円である。ただ、瑞江葬儀所は、大人6万8０００円で、子ども3万5２００円と、さらに高い。戸田葬祭場は、大人5万3１００円で、子ども2万9０００円である。臨海斎場では、大人3万4５００円、子ども2万１００0円ともっとも安い。

火葬場のなかには、火葬炉の前に特別な部屋が設けられているところもある。それは、町屋、落合、代々幡、四ツ木、桐ヶ谷、堀ノ内、戸田にあり、特別室だと、火葬料は10万7５００円（子ども5万4５００円）になり、特別殯館では17万7０００円（同10万4０００円）、貴殯館《きひん》で35万円（同20万円）である。戸田葬祭場には、貴殯館はない。

札幌無料、千葉6000円、名古屋5000円

火葬するだけで35万円とは驚きの価格だが、一般的な5万9000円や6万800円でも、人によっては、「高い」と感じるだろう。

というのも、東京23区以外の地域では、火葬料はこれほど高くはないからである。高くないどころか、ほとんどが無料《タダ》である。まさに、「火葬格差」だ。

たとえば、青梅《おうめ》市火葬場は市民は無料である。立川市、昭島《あきしま》市、国立《くにたち》市の3市が組織した立川・昭島・国立聖苑《せいえん》組合による立川聖苑も、該当する3市の市民は無料である。

他にも、23区以外の東京都内の火葬場は、火葬料は基本的に無料である。

ただ一つの例外は、多磨《たま》霊園に隣接する日華《にっか》・多磨《たま》葬祭場で、大人で5万9000円と、23区の火葬場の多くと同額である。ここにはやはり特別室や特別殯館があり、その料金も23区の場合に近い。

『週刊ポスト』誌の2012年7月20・27日合併号には「東京都の火葬場料金は名古屋市の10倍で全国で圧倒的トップ」という記事が掲載されている。そこでは、東京以外の都市の火葬料金も紹介されている。それによれば、次のようになる。

札幌市（2施設）　無料
仙台市（1施設）　9000円
千葉市（1施設）　6000円
さいたま市（1施設）　7000円
名古屋市（1施設）　5000円
京都市（1施設）　1万5000円
大阪市（5施設）　1万円
広島市（5施設）　8200円
高松市（4施設）　2万円
福岡市（2施設）　2万円

安いところでは無料で、一番高いのが高松市と福岡市の2万円である。無料に比べれば高いが、それでも東京23区に比べるとかなり安い。たいがいの自治体では、1万円前後で火葬できるわけである。

「秘密のケンミンSHOW」では、「へぇーそうだったのかあー」という棒読みのナレーションがつくが、「東京都民（23区）だけがバカ高い火葬料を支払っている。へぇーそうだったのかあー」である。

東京23区だけがバカ高いのは施設のすべてが民間だから

「秘密のケンミンSHOW」のナレーションについては、地方をバカにしているという声もある。だが、火葬料金については、東京23区の住民だけが高い金を出している。そして、ほとんどの人が、そのことに気づいていないのである。

逆に考えてみれば、火葬料金が無料や1万円前後というのは安すぎるとも言える。火葬し、それに携わる従業員の賃金を支払い、火葬場を整備維持していくためにはかなりの費用がかかる。

ではなぜ、こんな事態が起こっているのだろうか。

答えは簡単である。

東京23区の火葬場で、火葬料を5万9000円と定めているところは、すべて民間の施設であるのに対して、他は、地方自治体の施設だからである。日華・多磨葬祭場も民間の火葬場である。

東京23区の住民が亡くなったとき、23区外の火葬場なら料金が無料だからと、そちらに火葬を依頼したくもなってくる。

だが、市が運営している火葬場では、市民とそれ以外がはっきりと区別されている。青梅市では、市民は無料でも、市外だと大人で8万円、子どもで5万円である。23区よりも高くなる。

他の市でも、同じようなやり方をとっている。名古屋市にある唯一の火葬場、八事斎《やごと》場は、市民は大人5000円、子ども2500円であるのに対して、市民以外では、7万円と3万5000円である。

この八事斎場では、珍しくペットの火葬も請け負っていて、大きさによって1100円から4400円だが、市民でも市民以外でも料金は変わらない。

横浜市には、市営の火葬場の他に、民間の火葬場として西寺尾《にしてらお》火葬場（神奈川区松見町）がある。ここでは、12歳以上で、上等で2万8000円、最上等で5万円、特別最上等で8万5000円である。

ただし、横浜市民に対しては1万6000円の補助金がある。したがって、上等だと、火葬を頼む側の負担は1万2000円に収まる。市営の火葬場では、10歳以上で1万2000円だから、市の火葬場でも民間の火葬場でもかかる費用は同じになる。

大阪市にも、民間の火葬場として津守《つもり》斎場（西成《にしなり》区南津守）がある。ここの料金は3万5000円で、市民以外だと5万5000円である。大阪市では、横浜市のような補助金は出ない。

東京にも公営の火葬場がある。それが、臨海斎場と瑞江葬儀所である。臨海斎場は、港区、品川区、目黒区、世田谷区、大田区の5つの区が共同で設置し、運営する火葬場で、料金はすでに述べたように、この5区の住民なら12歳以上で3万4500円、12歳以下なら2万1000円である。それ以外の住民だと7万円と4万2000円で、民間の火葬場よりも高くなる。

瑞江葬儀所の料金については、すでに述べたように、民間以上に高くなっているが、これは最近値上がりしたものである。民間に額をあわせてきたのが、さらに費用が嵩むようになってきたのかもしれない。ここは、公益財団法人東京都公園協会が運営し、「経済的な葬儀」を売りにしているが、看板に偽りがあるようにも思える。

瑞江葬儀所は利用できる地域を限定してはいないようだが、利用するのはその近くに住んでいる人たちだろう。

それを除いて、東京都では、どこに住んでいるかで火葬料はかなり違う。高いのは、臨海斎場を利用できる港区、品川区、目黒区、世田谷区、大田区以外の23区民で、大人なら5万9000円である。

これに対して、臨海斎場を利用できる港区、品川区、目黒区、世田谷区、大田区の区民は3万4500円と、他の区の住民より2万4500円安い。

これが、23区以外の都民なら、日華・多磨葬祭場を除いて、基本的に無料なのである。

東京都が火葬サービスに力を入れてこなかった

こうした事実に気がつかない大きな原因は、葬式は、葬祭業者に依頼するのが一般的で、料金のなかに火葬料も含まれているからである。しかし、東京23区とそれ以外では、火葬料の高さは、葬儀費用にも直接影響している。

たとえば、豊島区の福井葬儀社のホームページを見てみると、直葬の費用が出ているが、地域によって料金ははっきりと違っている。

市営火葬場を利用できる場合には、11万6840円〜14万円である。火葬料金3万4500円の臨海斎場が利用できる場合には、15万5460円〜17万円である。そして、民間の火葬場しか利用できない場合には、火葬料が5万9000円かかるので、15万4144円〜20万円となっている。

これは、直葬以外の一般葬や家族葬でも同じで、同じ都民でも、地域によって火葬料が違い、それにより葬式の費用も自ずと変わってくるのである。

地方自治体によって住民に対するサービスが違うことは、さまざまな形で話題になっているが、火葬にまで目が向けられることは少ない。

だが、東京23区の住民は、たとえ臨海斎場が利用できる区に住んでいたとしても、その家に死者が出た際に、余計に住民税を支払っているようなものである。

少なくとも東京23区は、それ以外の東京にある市に比べて、火葬にかんして、住民サービスにまったく力を入れてこなかったのである。

おそらく、その点はあまり追及されたくはないことだろう。もし、火葬の費用がかからないよう、それを全額補助しようとしたら、かなりの予算が必要になるからである。

2015年に、東京23区で亡くなった人の数は7万5960人にのぼった。23区では土葬が条例によって禁じられているので、すべて火葬である。そのうち、臨海斎場が使える5区の死亡者は1万9132人だった。これに、火葬料の3万4500円をかけると6億6005万4000円になる。他の18区の死亡者は5万6828人で、これに5万9000円をかけると33億5285万2000円だ。合計すれば、40億1290万6000円になる。瑞江葬儀所はもっと高いので、総額はこれより高くなる。

ここには、大人と子どもがともに含まれているが、死亡者の年齢別の内訳が分からないので、すべて大人として計算した。最近では、幼くして亡くなるケースが少ないので、実際の額はこれに近いものになるはずだ。

果たして、このことが都議会で議論になったのかどうか、はっきりとしたことは分からないが、おそらくほとんどないだろう。

東京の火葬場の歴史

ではなぜ、東京23区では、民間の火葬場が中心で、公営の火葬場が少ないのだろうか。

そこには、東京における火葬場の歴史がかかわっている。

そもそも押さえておかなければならないのは、現在の日本は世界に冠たる火葬大国だということである。

２０１５年の衛生行政報告例（厚生労働省）によれば、１３４万６２７６人分の死体のうち、土葬されたものは、わずか４０３体である。残りは火葬で、これが１３４万５８７３体となる。

火葬率は99・９７％でほぼ１００％に近い。よほどの遠隔地や島で、火葬場が近くにないというところでないと、現在では土葬されることはないのである。

日本の火葬率は世界一である。

しかし、昔からこれほど火葬率が高かったわけではない。

新谷尚紀・関沢まゆみ編『民俗小事典　死と葬送』（吉川弘文館）によれば、１８９６（明治29）年の火葬率は26・８％だった。それが、戦後10年が経った１９５５（昭和30）年になると54・０％と半数を超え、１９８４年の時点では94％に上昇した。勝田至《かつだいたる》編『日本葬制史』（同）では、１９２５（大正14）年の火葬率を43・２％としている。

東京の場合、江戸時代において火葬を行っていたのは仏教の寺院で、幕末までに公認されていたのは、次の７箇所だった。

1. 深川霊巌寺町《れいがんじ》　浄土宗霊巌寺、日蓮宗浄心寺《じょうしんじ》（明治６年廃止）
2. 今里村　芝増上寺《しばぞうじょうじ》下屋敷（明治９年廃止）
3. 代々木火葬場　現在の代々幡斎場
4. 上落合　日蓮宗法界寺　現在の落合斎場
5. 砂村新田《すなむらしんでん》　浄土宗阿弥陀堂　旧砂町斎場（昭和40年廃止）

6. 桐ヶ谷　浄土宗霊源寺　　　現在の桐ヶ谷斎場
7. 千住《せんじゅ》火葬場

これよりも前には、千住、千駄ヶ谷、桐ヶ谷、渋谷、炮録《ほうろく》新田に火葬場があり、これをさして「江戸五三昧」と呼んだ。三昧は墓所・葬場を意味する。

最初、千住には火葬場がなかった。その前身は、上野下谷浅草の二十余箇所にある寺に設けられていた龕《ひや》堂であった。ところが、徳川将軍が上野寛永寺《かんえいじ》に参拝のとき、火葬した煙がたなびいたことから、1669（寛文9）年に、そうした寺の火葬場が、江戸時代のはじめから刑場のあった小塚原《こづかはら》に移転することとなり、南千住五丁目は、「焼場通り、こつ通り」と呼ばれた。

23区で6施設を運営する東京博善株式会社とは何か

日本では、火葬はもともと仏教からはじまるものだと考えられている。明治に入って新しく誕生した政府は、神仏判然令《しんぶつはんぜんれい》を出して、仏教を排斥しようと試み、その一環として「火葬禁止令」を出した。

近代化によって都市への人口集中も予想されるなかで、火葬を禁止すれば、土葬する土地を見出すことが難しい。そうしたこともあって、火葬禁止令は1875（明治8）年にあっさり撤回される。

千住では、1877年に、各寺にあった火葬場を廃して、新たに共同火葬場として千住（小塚原）火葬場が建てられた。屋上に4間間隔で備えられた2基の煙突の高さは4・5メートルもあり、地上からだと全体の高さは9・6メートルにもなった。

しかし、火葬場ができてすぐの明治10年代には、たびたびコレラが流行し、火葬場の処理能力を超える遺体が野積みされたため、1887年に千住火葬場は移転命令を受け、日暮里《にっぽり》に移転した。日暮里火葬場である。

この日暮里火葬場の経営にあたったのが木村荘平《きむらしょうへい》という人物で、彼は東京博善《はくぜん》株式会社を立ち上げる。木村は、山城國《やましろのくに》（現在の京都府）に生まれ、鳥羽伏見の戦において官軍の御用商人として活躍した。その後、東京警視庁大警視・川路利良《かわじとしよし》に嘱望《しょくぼう》されて、屠《と》牛場《ぎゅうじょう》の経営を任され、当時流行の「牛鍋屋《ぎゅうなべや》」を開業して大繁盛となっていた。

ただし、日暮里火葬場も移転命令を受け、1904年に町屋に移転している。これが町屋火葬場で、現在の町屋斎場の前身である。日暮里火葬場は、東京にある火葬場のなかでもっとも利用され、昭和初年においては、東京市で亡くなる10万人のうち、半分を火葬したという。

東京博善社は、日暮里火葬場が町屋に移転する前の1893年には、亀戸《かめいど》、砂村、落合、代々幡にあった火葬場を次々に吸収していった。

桐ヶ谷火葬場の場合には、浄土宗霊源寺にあったわけだが、1885年には寺と分離され、一時、法行《ほうぎょう》合名会社に経営が委ねられ、1918年に東京博善社が経営するようになった。堀ノ内も、1961年に合併されている。

なお、東京博善社の木村荘平は、東京都内に22軒の牛鍋屋を開き、それぞれの店を別々の妾《めかけ》に経営させたという豪傑で、30人も子どもを作っている。ただ、不思議なことに、子どもには作家や画家、俳優など芸術家が多く、牛鍋屋の経営は養子に引き継がれたものの、数年で失敗している。

このような経緯から、東京の火葬場の多くは民間となり、東京博善社が経営することとなった。東京博善社が23区内で6箇所もの火葬場を経営していたために、東京都が火葬場を建設する必要はなかったわけである。なお、戸田葬祭場はそこ独自の株式会社である。

火葬場を建設しようとすれば、どこでも住民による反対運動が起こる可能性が高い。とくに、住宅が密集している東京では、かなりの反対を覚悟しなければならない。そんなこともあり、東京23区では、ほとんどが民間の火葬場となり、それが今にも受け継がれている。

その結果、火葬格差が生まれ、東京23区の住民は、それを知らないまま高い火葬料を支払わなければならなくなっているのである。

第2章　遺骨格差

——遺骨を墓に埋めるのは案外、世界でも珍しい

「日本人は骨に執着する」と言われるが、たしかに墓参りには熱心

火葬格差の次は「遺骨格差」である。

遺骨にかんして、日本人はそれに対して強く執着すると言われてきた。

その例として持ち出されるのは、主に次の2点だ。

一つは、戦時中の戦没者の遺骨収集である。終戦から70年以上が経過したのに、それが今でも続けられているのは、日本人には骨に対する執着があるからだと説明される。

もう一つは、遺骨を葬った墓に参る、墓参りの習慣が確立されているからである。墓には、故人の遺骨が納められている。墓参りをするのは、その遺骨を拝むためである。

こうした遺骨への執着は日本人特有の現象だと言われることが多い。

しかし、本当にそうなのだろうか。

前者については、戦地で亡くなったのは日本人だけではない。日本人ほど多くはないものの、南方では、アメリカ人も数多く亡くなった。

それについて、アメリカ人は熱心に遺骨の収集など行ってこなかったというイメージ

が作り上げられているが、実際はその逆である。

アメリカには、ＪＰＡＣ（Joint POW/MIA Accounting Command）という組織が存在する。これは、「米統合戦争捕虜・行方不明者探索司令部」と訳されるが、国防省の指揮下にある組織である。この組織では、チームを組んで遺骨収集にあたっており、その活動は今でも続けられている。

日本では、厚生労働省が遺骨収集事業を行っているが、実際に現地に赴いて収集の活動を行うのは民間の組織で、そこがアメリカとは違う。この点からすれば、遺骨に執着しているのはアメリカ人のほうで、日本人はアメリカ人ほどではないということになる。

後者の例については、日本人は故人の遺骨を丁寧に墓に埋葬して、それを拝んでいるわけだから、骨に対して執着があると見ることはできる。

たしかに、日本人は熱心に墓参りをしている。最近の調査では、楽天リサーチ株式会社が２０１４年８月17日から18日にかけて、全国の20代から60代、１０００人を対象に行った「お墓参りに関する調査」がある。

それによれば、２０１４年になってから８月のお盆過ぎまで、一度でも墓参りをしたことがある人は65％に及んだ。

ただ、20代、30代と、40代以降では違いがあった。20代（55％）と30代（59％）が60％に満たないのに対して、40代以上は40代（71％）、50代（72％）、60代（72％）とどの年代でも70％を超えている。

しかも、墓参りの回数は1回だけではなく、全体の平均で約2・5回である。そして、お盆の期間（8月13日〜16日）の過ごし方としてもっとも多いのが墓参り（34％）だった。次が帰省（19％）で、こちらにも墓参りは含まれる可能性が高い。日本人は、レジャー（9％）や国内旅行（8％）、海外旅行（0％）よりも、墓参りに熱心なのだ。

日本人は盛んに墓参りをしており、年齢が高くなると、かなりの割合になる。おそらく、現在の若年層も、年齢が上がれば墓参りに行くことが増えるだろう。今のところ、墓参りが衰退している傾向はまったく見られない。

土葬中心だった時代、日本人は骨に執着しなかった

しかし、日本人が昔から墓参りを熱心にしていたかと言えば、決してそうではない。

少なくともそれは伝統的な習俗というわけではないのだ。

それは、埋葬の仕方と関係している。

前の章で見たように、現在の日本は火葬大国でほぼ100％が火葬されている。だが、火葬率が半数を超えたのは、戦後、1950年代半ばのことだった。この時代、火葬率が高いのは都市部で、地方の農村部では、むしろ土葬が一般的だった。

私は1980年代前半に大学院のゼミで山梨県内の山村の宗教についての調査に参加したことがあるが、その村は当時土葬だった。

そこでは、村に一つしかない寺の境内《けいだい》が共同墓地になっていて、村人の遺体はそこに穴を掘って埋葬された。調査をしている間に、埋葬に遭遇することはなかったが、埋葬された後の光景には接した。

遺体は棺桶に入れて埋葬されるのだが、時間が経つと棺桶が腐り、遺体を埋葬した場所は陥没する。その上で子どもたちが遊んでいて、「この下におばあちゃんが眠っているのよ」と言っていたのを覚えている。

埋葬した場所には木製の簡単な墓標《ぼひょう》は建てるものの、墓石を建てることはない。陥没してしまう以上、そんなことはできないのだ。

では、この村に墓がないのかと言えば、そうではない。寺の境内の別の場所には、墓が建っていた。こうした墓には古いものもあれば、新しいものもあった。どの家でも墓を設けるようになったのは最近のことで、昔は、村の庄屋《しょうや》や、親分と呼ばれる有力な家だけが墓を建てた。少なくとも、どの墓にも遺骨は納められていなかった。

この村における墓のあり方から推測すれば、昔は、一般の村人の家には参るための墓などなかった。墓がなければ、墓参りなどできない。墓を造った有力な家でも、墓はごく近くにあるわけで、ことさら墓参りに出かけるということもなかったはずだ。

土葬の時代には、墓を設けても、そこには遺骨はないので、骨を崇《あが》め奉っていることにはならない。土葬してしまった遺体はそのまま朽《く》ちていき、後になって遺骨を掘り出すこともない。となれば、土葬が多かった時代には、日本人は骨になど執着していなかったことになる。

最近になってどの家でも必ず墓を設けるようになったのは、火葬が普及したからである。火葬してしまえば必ず遺骨が残るので、それは墓に納めなければならないからだ。

そもそも墓埋法は衛生上、勝手に遺体・遺骨を埋葬させないためのもの

戦後、墓にかんする法律として、「墓地、埋葬等に関する法律」が生まれた。1948年のことである。これは、「墓埋法《ぼまい》」と略称されることが多いが、重要なのは、第三条と第四条で、それは次のようになっている。

第三条　埋葬又は火葬は、他の法令に別段の定があるものを除く外、死亡又は死産後二十四時間を経過した後でなければ、これを行つてはならない。但し、妊娠七箇月に満たない死産のときは、この限りでない。

第四条　埋葬又は焼骨の埋蔵は、墓地以外の区域に、これを行つてはならない。

2　火葬は、火葬場以外の施設でこれを行つてはならない。

第三条は、死後24時間が経過しなければ、埋葬（土葬）も火葬もできないとするもので、死亡宣告をされても、まれに生き返る可能性があるからである。アメリカの小説家、

エドガー＝アラン・ポーの短編に「早すぎた埋葬」というものがあるが、これは生きたまま埋葬された人物の恐怖を描いたものである。

第四条は、遺体や遺骨の埋葬は、墓地以外のところにはしてはならず、火葬する場合には必ず火葬場でそれを行わなければならないと定めたものである。昔は、「野焼《のや》き」と言って、屋外で遺体を火葬していた。

とくに重要なのは、第四条の前半の部分である。これは、遺体や遺骨、現在ではほとんどが遺骨ということになるが、それは墓に埋葬しなければならないとされている点である。しかも、墓を設ける墓地は、地方自治体によって許可された場所でなければならないのだ。

墓埋法が定められたのは、主に公衆衛生の観点からだった。遺体や遺骨を、墓地でもない場所に勝手に埋めてしまえば、あるいはそのまま放置してしまえば、感染症を広げることにもなりかねない。

ところが、その点は重要性を失い、墓埋法は、遺骨を墓地にある墓に埋葬することを強制するものとしてとらえられるようになっていく。長い間、散骨（自然葬）が違法と考えられてきたのも、この墓埋法の規定があるからである。現在では、散骨は墓埋法に違反しないという考え方が支配的で、さまざまな形で実践されている。

こうしたこともあって、火葬が普及していくにつれて、どの家でも、墓を造るようになった。それが墓参りの習俗を広げることに貢献し、そこから、日本人は骨に対して執着があるとも考えられるようになったのである。

このように見ていくと、日本人には伝統的に骨に執着があるとする見方が、実は成り立たないことが分かってくる。少なくとも、そうした執着は、火葬の普及によって生まれたものなのである。

あるいはそうした見方は、亡くなった釈迦《しやか》の骨を「仏舎利《ぶつしやり》」として祀《まつ》る仏教の習俗が影響しているのかもしれない。だが、骨に対して本当に執着したのは、日本人よりも、むしろ中世のヨーロッパの人々だった。

中世のヨーロッパでは、「聖人崇拝」が広まった。聖人は、殉教《じゆんきよう》するなど、キリスト教の教えを広める上で重要な役割を果たした人物を死後に祀ったもので、聖人は病気を治癒するなどの奇跡を起こす力を有していると信じられていた。

その際に、祀るのは主に聖人とされる人物の遺骨である。そこから、聖人崇拝は「聖《せい》遺物崇拝《いぶつすうはい》」とも呼ばれる。教会にしても、聖遺骨《せいいこつ》を祀るために建てられた。たとえば、バチカンのサンピエトロ大聖堂は、数多くの聖人の頂点に立ち、初代のローマ教皇と見なされる聖ペテロの墓の上に建てられたもので、そこには聖ペテロの遺骨が安置されている。数年前にこれは公開された。

中世ヨーロッパの人々の遺骨に対する執着は相当なもので、奇跡を起こしたとされる聖人の遺骨は略奪の対象にもなった。十字軍にしても、その目的の一つは、イエスが十字架に掛けられて殺されたエルサレムを奪還することで、そこにある聖遺物をヨーロッパに持ち帰ることだった。

東日本・西日本でかなり違う！　引き取る遺骨の分量

骨に執着したのは、仏教を生んだ古代のインド人であり、中世のヨーロッパ人なのである。日本では、名高い僧侶の遺骨を墓に納め、それを崇め奉るようなことは行われてこなかった。

なぜ現代の日本人は、墓を建てて、そこに遺骨を納め、墓参りをして、それを拝むのか。骨に対する執着があるから、そうなったのではない。火葬が普及して必ず遺骨が残り、それは法律によって墓に葬らなければならないとされているからなのである。

ある習慣が成立し、それが定着していくと、なぜその習慣に従うのか、人々はその理由を説明しようとする。そこで、日本人には伝統的に骨に対する執着があるという説明が用いられるようになったのだが、骨に対する執着が先にあるわけではないし、日本人にことさらその傾向が強いわけではないのだ。

土葬が広く行われていた時代には、日本人は墓に遺骨を納めなかったわけだから、骨に執着していたとは言えない。南方での戦没者の遺骨収集から、それが言われ始めたところもあるわけだが、そこには、戦争に敗れ、報われない戦いで命を落とした戦没者に対する強い哀惜の気持ちが働いていた。そのために、骨に対する執着は日本人特有のことと誤解されてしまったのである。

もう一つ、これこそがこの章の一番のテーマにもなってくるのだが、地域によって遺骨を引き取る量には違いがある。これが、遺骨格差だ。

そのことも、果たして日本人は骨に執着していると言えるのか、疑問を抱かせる事柄なのである。

講演などの折にこの話をすると、たいがいの聴衆は驚く。自分たちが常識だと思っていたことが、実は常識でもなんでもなく、地域が変われば、事情はまったく違ってくることに気づかされるからである。

前の章では、東京23区と他の地域で火葬の料金が大きく違うことにふれたが、東京と大阪を比べた場合、火葬した後、遺族が引き取る遺骨の量にも大きな違いがあるのだ。

東京では、遺族が遺骨を全部引き取る。

それに対して大阪では、遺族が引き取る遺骨の量は、全体の3分の1、あるいは4分の1である。

これは、東京と大阪だけの違いではない。東日本と西日本の違いなのである。

東日本では、遺族が遺骨を全部引き取る「全骨拾骨《ぜんこつしゅうこつ》」が一般的で、西日本では、全体の4分の1から3分の1程度しか引き取らない「部分拾骨」なのである。

このことを知っている人は少ない。おそらく、今この本のこの箇所を読んでいる読者の大半は、はじめて知ったことだろう。

したがって骨壺の大きさが東西でかなり違う

「秘密のケンミンSHOW」風に言えば、「東日本の人間は遺骨を全部引き取っている。へぇーそうだったのかぁー」であり、「西日本の人間は遺骨を少ししか引き取らない。へぇーそうだったのかぁー」である。

したがって、東日本と西日本では、骨を納める骨壺の大きさが違う。

骨壺の大きさは、慣例で「寸《すん》」で表現される。1寸が約30・303ミリ、簡単に言えばおよそ3センチである。

骨壺は、2寸から8寸までである。2寸だと、高さ7・6センチ、幅6・3センチ、奥行き6・3センチである。

これが8寸になると、高さ29・0センチ、幅・奥行きとも25・2センチである。

2寸と8寸の骨壺を比べてみると、大きさにかなり違いがある。2寸よりも、2・3寸のほうが一般的であるようだ。

そして、2寸（あるいは2・3寸）から5寸までが西日本のサイズで、6寸から8寸までが東日本のサイズとされている。

西日本の骨壺で一番大きな5寸でも、高さは17・5センチで、幅・奥行きは15・5センチである。8寸の骨壺と比べると、これでもかなり小さい。

家で葬式を出したことがある、あるいは、葬式に参列したとき、故人と親しかったので火葬までついていったことがあるという人は、思い出してほしい。

いったい遺骨を全部引き取ったのか、それとも一部しか引き取らなかったのか。

骨壺の大きさはどうだったのか。

きっと思い当たることがあるに違いない。

東日本と西日本でさまざまなことが違うということは、広く認識されている。最近も、『アエラ』誌に、「東日本と西日本はそもそも別世界」という記事が掲載されていた（作田裕史　２０１７年8月14・21日合併号）。

この記事では、スナック菓子のカールが東日本で販売中止になったことからはじまって、地質、言語・名字、食の面から二つの地域の違いにふれ、東日本と西日本を分ける糸魚川《いといがわ》—静岡構造線を写真入りで紹介している。

東日本ではバカと言うところを、西日本ではアホと言ったり、マクドナルドのことを東ではマックと呼び、西ではマクドと呼んだりすること、そして、うどんの汁が西では薄いのに東では濃いなどということは比較的よく知られている。

これは、私が大学に入ったばかりのときのことだが、クラスの友人と大学近くの蕎麦《そば》屋に入った。その友人は大阪出身で、そのときはじめて東京の蕎麦屋に入ったらしい。汁の濃さに唖然としていた。彼は卒業後、大阪で就職してしまったが、あるいは、そういう文化の違いに馴染めなかったのかもしれない。

『アエラ』誌の記事では、東と西が構造線ですべてきっちり分かれるわけではなく、言語なら飛驒《ひだ》山脈で分かれ、名字は関ヶ原を境に分かれることが示されていた。

この記事では、残念ながら、遺骨を引き取る量の違いまではふれられていなかった。

では、遺骨の場合には、どこで東と西に分かれるのだろうか。

お互いに拾骨の量を知らない東と西

それについては研究がある。それが、日本葬送文化学会編集による『火葬後拾骨の東と西』（日本経済評論社）である。

この会では、糸魚川―静岡構造線に近い地域で実地調査を行っているが、おおむね、この構造線を境に全骨拾骨と部分拾骨に分かれることが確認されている。

ただ、構造線から離れたところで、全骨拾骨と部分拾骨が入り交じっているところもある。

たとえば、石川県では能登半島にある2つの火葬場は全骨拾骨で、その南にある金沢市を中心とした火葬場では部分拾骨である。この二つの地域は、構造線で分かれているわけではない。

また、静岡県と愛知県の県境を挟む東三河《ひがしみかわ》の地域では、静岡県側の2つの火葬場が全骨拾骨であるのに対して、愛知県側の2つの火葬場は部分拾骨となっていて、県境が境になっている。

ただし、さらにその西にある愛知県の設楽《したら》町の火葬場が全骨拾骨となっていて、はっきりとした境は存在しない。こうした例はあるものの、おおむね構造線の東と西で拾骨する量が違うのである。

問題は、なぜ東と西で拾骨の方法の違いが生まれてきたのかということである。

この本では、最後に調査に携わった会員たちの座談会の機会を設け、それについて議論している。ところが、会員たちは、決定的な理由を見出してはいない。出た説も推論の域にとどまっていた。

ただ、そのなかで注目されるのが、江戸時代の江戸と大阪（当時は大坂）における葬儀環境の違いについての議論だった。

残念ながら、江戸時代の火葬率についてのデータは存在しない。ただ、1905（明治38）年の時点では、大阪が90％にも達していたのに対して、東京は58％と半分をわずかに超えた程度だった。大阪のほうが、火葬については東京よりも先進的だったのだ。

江戸時代の大坂には7つの火葬場があり、そこで年間5000体から1万体が火葬されていた。火葬の方法はかなり乱暴なものだったらしいが、火葬した骨を納める墓地が狭く、それが部分拾骨に結びついたのではないかというのである。

大阪に行ってみると、住宅が軒を連ねてひしめき合っている光景に出くわす。人間が住む土地自体が足りないのだ。そうであれば、墓地に面積を割くわけにはいかない。そうした事情が、部分拾骨に結びつき、西日本に広がっていったのではないか。そうした仮説が浮かび上がってくる。

この仮説が正しいのかどうか、さらなる検証が必要だが、いつからか確立された拾骨量の違いが今日にまで受け継がれている。そして、東日本の人間は、西日本のやり方を知らないし、逆もまたそうなのだ。

マクドナルドの略称が何かはすぐに分かる。東日本の人間が西日本まで出かけなくても、テレビには大阪の芸人がよく出ているので、自然とマクドと呼ばれていることが分かってくる。うどんの汁の濃淡も、うどん屋で食べれば一目瞭然なので、東日本の人間も西日本の人間も、お互いの好みが違うのを知っている。

ところが、どれだけ拾骨するかということになると、火葬場でそれを経験しないと分からない。多くの人が参列するような葬式でも、火葬場まで行く人の数はかなり限られる。親族やごく親しい人間しか行かないからだ。

タブーなのか!?　西日本では、どうやら残骨処理業者が処分している

東日本の人間と西日本の人間が結婚する割合は意外なほど少なく、10%を下回ると言われる。ここでも、2つの社会ははっきりと分かれている。そうなると、東日本出身の人間が結婚して、西日本の家庭に入り、そこで親族の葬式の際に拾骨の現場に立ち会うことはどうしても少なくなる。

たとえ、その現場に立ち会っても、生まれたところで拾骨を経験していなければ、その違いに気づかない。気づいても、それを言い出すことは難しい。その場に集まった人間は、当たり前のように、東日本ならすべての骨を骨壺に納め、西日本なら一部だけを骨壺に納め、残りは火葬場に処理してもらっているからだ。

西日本の人に「火葬のときに残った遺骨はどうなるのか知っていますか」と尋ねると、そんなことははじめて聞かれたという顔をされる。それが当たり前になっていて、不思議に思ったりはしないのだ。たとえ考えても、そのときだけで、それについて深く探ってみようとはしない。

では、火葬場が引き取った骨はどうなるのか。

実はこれがよく分からない。

一つ分かっているのは、能登半島にある總持寺祖院《そうじじそいん》に「全国火葬場残骨灰諸精霊永代供養塔《ざんこつはいしょれいい》」が建てられ、残骨はそこに納められているということである。

總持寺と言えば、横浜市鶴見《つるみ》区にあるものと認識されている。そこは、永平寺《えいへいじ》と並ぶ曹洞宗《そうとうしゅう》の大本山である。

ただ、鶴見に總持寺が移ってきたのは、1911（明治44）年のことで、能登にあった總持寺が1898（明治31）年に焼失してしまったからである。

当初は、能登での再建がめざされたが、東京の曹洞宗寺院から「總持寺東京移転建白書」が出されたりした。交通の不便な能登よりも、「帝都」である東京周辺に大本山を移したほうが経済的な基盤の確立が容易であると判断されたのだった（関根透《せきねとおる》「總持寺の鶴見御移転に至るまで」『鶴見大学紀要』第49号第4部）。

ただ、能登半島の總持寺も復興されており、總持寺祖院と改称された。永代供養塔が建てられたのは1999年のことで、そこでは一年に一度、関係者が集まって法要が営まれている。

では、1999年以前はどうだったのだろうか。あるいは、残骨はすべてそこに納められているのだろうか。いろいろと疑問がわいてくるが、調べていってもそこがよく分からない。

火葬場関係の雑誌に、残骨処理を請け負う業者の広告が出ていたので、業者の手を通して処分されている可能性が高いが、はっきりしたことは分からない。どこかそれをタブーとするような力が働いているようにも思われる。

骨を引き取らなくてもいいなら墓も必要なくなる

その点はともかく、拾骨する量が違うということは大きな意味を持つ。

私は『0葬《ゼロ》――あっさり死ぬ』（集英社文庫）という本を出しているが、そのなかで、火葬した遺骨を引き取らない「0葬」を提案している。遺骨を引き取らなくても済むのなら、それを墓に納める必要はなく、墓は要らないからだ。

この0葬を実行に移すためには、火葬場のほうが、それを認めてくれなければならない。

どの火葬場がそれを認めているのか、調べてみたことはあるが、これもはっきりしたことは分からなかった。葬祭業者でなければ、そこら辺りの事情は教えてもらえない可能性がある。

ただ、全体に言えるのは、西日本の火葬場では、遺族が遺骨は要らないと言えば、火葬場のほうで処理してくれることが多いということだ。

たとえば、私が一時会長をつとめていたNPO法人「葬送の自由をすすめる会」の機関誌『そうそう』第2号には葬儀ライターの奥山晶子《おくやまあきこ》氏による「名古屋市八事斎場ルポ」が載っており、取材に応じた担当者は、次のように述べていた。

「部分収骨が圧倒的に多いですが、八事斎場では、部分収骨・全骨収骨・分骨に加え、お骨を全て受け取らないという選択も可能です。お骨を受け取らないというときには、『焼骨《しょうこつ》処分依頼書』を火葬当日に提出していただきます。提出することができるのは、喪主などの利用者や関係者に限定されます。あとでご親族などからクレームが来ましても対応ができませんから、必ず喪主となる立場の方から一筆いただくことにしています」

名古屋も糸魚川―静岡構造線の西側にあり、西日本に分類される。これは、八事斎場に限らず、西日本の火葬場に共通して見られるやり方である。

これに対して、東日本の火葬場では、一部、八事斎場と同じやり方をしているが、その数はかなり限られている。東京23区の民間の火葬場ではまったくできないし、市によっては、条例で遺族が遺骨を引き取るよう定めているところも少なくない。たとえば、札幌市は札幌市火葬場条例の第8条で、「火葬場で火葬炉を使用した者は、焼骨を引き取らなければならない」と定めている。

日本で2015年に公開されたイギリス・イタリア映画に『おみおくりの作法』という作品がある。これは、引き取り手のない遺体の葬式を担当するロンドン市の職員の物語で、主人公のジョン・メイは、遺族を捜すという仕事にあまりにも熱心なため解雇されてしまう。

この映画には、火葬した遺骨が出てくるのだが、それは細かく砕かれ、緑色のプラスチックケースに納められていた。それだけでも日本とはずいぶん違うが、遺体の身元が判明すると、主人公は遺骨を火葬場の敷地のなかに撒いていた。

「はじめに」でも述べたように、イギリスを含めたヨーロッパでは、最近になって火葬の割合が増えている。これは、土葬のほうの費用が高いことが関係している。棺桶が豪華になり、その費用が嵩むのだ。火葬しても、骨上《こつあ》げのような儀式はなく、そもそも遺族や参列者は火葬には立ち会わない。火葬された骨は、遺族が希望すれば、後日引き取ることができるが、引き取らないケースはかなり多い。

引き取っても、火葬場の散骨のためのスペースに撒いてしまうことも多く、自宅に引き取った場合も、さまざまな材質の綺麗な骨壺に入れて、リビングなどに飾っておくらしい。

骨は、火葬後たまたま残っていたにすぎないものなのではないか

ちなみにフランスでは、約70％が遺骨を自宅に持ち帰り、20％は墓地の専用の場所に撒き、２％が自然のなかへ散骨するという。墓地の納骨堂に納めるのは、わずか８％である（樋野《ひの》ハト「フランスのお葬式&母国に眠るための、安らかなる豆知識　お葬式の

手引き」『フランスニュースダイジェスト』2007年11月1日)。

火葬した遺骨を墓に納めるというのは、決して世界的な傾向ではない。どうやら日本を含め、中国や韓国などの東アジアに限られるようだ。東アジアには、祖先崇拝の信仰が受け継がれており、信仰の対象として墓を必要とするが、それ以外の地域では、そうした信仰が存在しないのである。

2017年4月20日付の『沖縄タイムス』紙には、次のような記事が掲載された。沖縄県内の自治体が火葬し埋葬した65歳以上の高齢者の数は、2012年度からの5年間で161人に達した。そのうち、9割を超える149人が、親族が引き取りを拒否したケースである。それが、アンケートを通して明らかになったというのである。

これは、沖縄だけのことではなく、日本全国どこでも起こっていることである。そこには、生活の困窮や財産をめぐるトラブルなどがかかわっているが、遺体は引き取りたくない、遺骨は要らないという遺族が増えていることは間違いない。

少なくとも、遺骨の処理ということにかんして、東日本と西日本では事情が根本的に異なっている。遺骨格差が厳然として存在するのだ。

果たして遺骨は必ず引き取らなければならないものなのだろうか。

遺体を火葬すれば、骨以外はすべて焼けてしまう。たまたま骨が残るから、それを墓に埋葬するわけで、骨を残すために火葬しているわけではないはずだ。

遺族が希望すれば、遺骨は引き取らなくてもいい。それこそが、私の提唱する0葬だが、日本でも、そうした方向に変わっていくことが必要なのではないだろうか。遺骨格差の解消が求められている。

第3章　納骨格差

——なぜ東日本の人間は遺骨を持て余しているか

坊さんによる月参りがほとんど行われない東京

火葬した後に遺骨が残れば、それを墓などに埋葬しなければならない。それは納骨と呼ばれるが、「納骨格差」も存在している。

これを説明するためには、まず大阪での葬送文化についてふれなければならないが、大阪では「月参り《つきまい》」という習慣が広がっている。

月参りということばを辞書で引いてみると、それは「月詣《つきもう》で」と同じだとされる。意味としては、「月ごとに社寺に参って祈ること」とある（『広辞苑』）。

ところが、ここでふれる月参りは、その意味ではない。

故人の月一度の命日、月命日やお盆の時期に僧侶《そうりょ》が自宅までやってきて、仏壇の前で供養のために読経《どきょう》してくれるというのが、月参りである。

これは、どの宗派でも行われているものだが、多いのは浄土真宗や浄土宗といった浄土系の宗派である。地域は全国に広がっているが、盛んなのは大阪を中心とした関西地方である。

坊さんが自宅までやってくる以上、家人は家で出迎えなければならない。読経が行われるときには、一緒にそれを唱えたりもする。

当然、お布施《ふせ》を支払うことになるが、その額は3000円から5000円程度である。それよりも安い場合もあるし、高い場合もある。

何事にも気さくな大阪では、都合で家にいられない場合、家に鍵を掛けず、坊さんに勝手にあがってもらい、お布施は仏壇に置いておくという家もあるらしい。

ただ、毎月5000円ということになると、かなりの負担である。それに、この月参りをいつまで続けるのか、それも迎える側の家にとっては悩みの種である。

反対に、お盆には集中して檀家《だんか》を回らなければならず、暑いこともあり、坊さんには地獄らしい。

現代の社会では、月参りのためにわざわざ自宅にいること自体が難しい。主婦だって仕事があるし、高齢者も何かと忙しい。それに、お布施も負担だ。そこで、どうやって月参りを断るか、それに悩んでいる檀家も少なくない。

けれども、こうした習慣が今でも行われているということは、菩提寺《ぼだいじ》と檀家との距離が近いことを意味する。それは、仏の教えと親しむ絶好の機会ともなっている。

これが東京の場合だと、坊さんによる月参りはほとんど行われていない。毎月一度、特定の社寺に月参りする人はいるかもしれないが、菩提寺とそれほど密接な関係を持っている家はほとんどない。それだけ、東京の人間は、仏の教えに親しむ機会に恵まれていないのだ。

東京人は知らない!? 遺骨で造る仏像「骨仏」に使われるには

大阪は、昔は「大坂」という字が用いられたが、「難波《なにわ》」とも呼ばれた。古代においては、仁徳天皇の難波高津宮《なにわのたかつのみや》をはじめ、何度か都も置かれた。奈良や京都とも近く、都市としての歴史は長い。その分、仏教とのかかわりも深く、独特の仏教文化が栄えている。月参りも、その一環になるわけだが、人を葬り、弔う文化として、大阪では独特のものが生み出されている。納骨をめぐる文化に違いがあるのだ。

その一つが、「骨仏《こつぶつ》」である。

これも東京の人間は聞いたことのないもののはずだが、遺骨を集めて仏を造るというのが骨仏である。これは、浄土教信仰がかかわっていて、造られるのは阿弥陀仏《あみだぶつ》である。骨仏を造っている寺は、新潟、愛知、京都、滋賀、大阪、石川、広島、島根、香川、福岡の各府県にある。だが、そのなかでもっとも有名なのが、大阪市天王寺《てんのうじ》区にある浄土宗のお寺、一心寺《いっしんじ》である。ここはまさに、「骨仏の寺」として、関西ではよく知られている。

私もここを訪れたことがあるが、山門が超モダンで、それにも驚かされるが、平日の昼間でも参拝者が数多くつめかけているのにも驚かされる。

家族の遺骨を骨仏にしてもらった人たちが、月命日などに参拝に来るのだ。一心寺のホームページを開くと、ライブカメラでその様子を見ることができるようになっている。骨仏は、10年で1体造り上げられるようになっており、1体目は1887（明治20）年から造られ始めた。ただ、6体目までは戦災で焼失し、今はない。現在は15体目の骨仏が造られつつある。次の開眼供養は、2027年と予定されている。

骨で造った仏と聞くと、グロテスクだと思う人もいるかもしれないが、骨は細かく砕かれ、阿弥陀仏はまるで石、あるいは石膏《せっこう》造りのようである。

一心寺の骨仏の歴史は、すでに130年にもなるわけだが、骨仏になった故人の数は200万人にも及ぶ。遺骨を全部仏にしてもらうこともできるが、一部納めることもできる。遺骨が骨仏となれば、自動的に一心寺の僧侶が毎日供養してくれる。

注目されるのは納骨の際の冥加料《みょうがりょう》である。小さい骨、一部の骨だと1万円からで、量によって1万5000円や2万円になる。大きな骨、骨壺全部の骨だと1万5000円からはじまって、2万円、3万円である。

ということは、最高3万円の冥加料を支払えば、遺骨はすべて骨仏のために使われ、手元には残らない。つまり、墓に納める必要がなく、墓を用意しなくても済むのである。冥加料の安さを考えると、かなり合理的な供養の方法でもある。

2017年9月9日付の『毎日新聞』の記事、「〈人の遺骨〉置き去りか　8割以上『落とし主』が見つからず」では、2016年までの3年間で、全国の警察に遺失物として届けられた人の遺骨が203件に及んだと報告されている。

2014年が63件で、15年は68件、そして16年は72件なので、毎年少しずつ増えている。そのうち8割は落とし主が見つからなかった。そうした遺骨は、警察から依頼された寺院で無縁仏として供養されている。

遺骨を放置すれば、死体遺棄《いき》罪に問われることもあり、ここ3年間で3人が逮捕されている。2014年4月には、以前住んでいたマンションに病死した父親の遺骨を放置したとして、40代の男が警視庁によって逮捕された。男は、「家賃滞納で夜逃げし、遺骨を埋葬する金がなかった」と供述した。

警視庁に逮捕されたということは、東京の人間だろうが、もし一心寺のことを知っていたら、そこに納骨し、逮捕されることもなかったかもしれない。納骨格差は犯罪にも結びつきかねないのだ。

骨仏になることが功徳なら、安価での納骨はなおさらありがたい

第2章で述べたように、日本の火葬率はほぼ100％で、家族が亡くなれば、必ず遺骨が手元に残される。墓があれば、そこに納骨すればいいのだが、墓がない人、あるいは家は、かなりの数にのぼる。

日本消費者協会の「第9回『葬儀についてのアンケート調査』報告書」では、家に墓

があると答えた人は62・7％で、ない家は35・6％という結果が出ている。墓がない家はかなり多いのだ。

東京都生活文化局が2015年11月に行った「東京都の霊園」をテーマとしたインターネットのアンケート調査では478人の回答者のうち、都内に墓があるのが27・6％、他の道府県にあるのが34・3％、ないが38・1％という結果が出た。他の道府県にあるが一番多いのは、地方から出てきた人間がかなりの部分を占める東京ならではの傾向だろうが、墓がない人、家が3分の1以上を占めている。

たとえ、墓があったとしても、納骨にはそれなりの費用がかかる。寺院に墓地があるなら、お布施をしなければならないし、業者にも数万円支払う必要がある。自分で墓を開けて、納骨するというわけにもいかない。墓があっても、納骨の費用を負担できない、負担したくないという家もあるだろう。

となると、手元に遺骨があるものの、それをどうしたらいいか分からなくなる場合がどうしても出てくる。そのとき、骨仏にするということになれば、最高でも3万円で済む。命日や月命日に参拝したときには、なにがしかのお布施をするだろうが、その額は参拝する側が決められる。

もし、東京周辺にも骨仏の寺があり、そこに納骨する習慣が確立されていれば、手元に遺骨を抱えて困るということはなくなる。遺骨は、合葬、合祀《ごうし》されることになるわけだが、立派な仏になって残るのだ。

一心寺によれば、昔から故人の遺骨や遺髪《いはつ》を寺に納め、供養するしきたりがあったという。一方で、仏像を造立《ぞうりゅう》してそれに礼拝することは、善根であり、功徳《くどく》であるとされてきた。骨仏は、それを拝めば故人を供養すると同時に、仏を礼拝供養することになり、仏への崇拝と先祖供養の精神が融合したものになっているというのだ。

骨仏が功徳になるならば、納骨する側にとってはありがたい。たんに安いから骨仏にしてもらうのではなく、供養の形態としてもっとも好ましいものであるから、それを選択した。納骨する側はそれでよかったと考えることができるのだ。

こうした骨仏が生まれたのも、大阪では、長い時間をかけて独特な葬送の文化が確立されてきたからだ。しかも、その文化を担うのは一心寺の骨仏だけではない。

一心寺は、ＪＲや大阪市営地下鉄の天王寺駅や近鉄線の阿倍野橋《あべのばし》駅から歩いていける場所にあり、そのすぐ近くには、四天王寺《してんのうじ》がある。

大阪・四天王寺は、たった1万円で納骨できる

四天王寺は、聖徳太子が建立《こんりゅう》した7つのお寺の一つとされ、創建は6世紀終わりに遡《さかのぼ》る。聖徳太子が実際に創建にかかわったのは、法隆寺と四天王寺であるとも言われており、その点で四天王寺がいかに由緒正しいお寺であることかが分かる。

近代までは立派な伽藍《がらん》を誇っていた。だが、1934年の室戸《むろと》台風と、1945年の大阪大空襲で、伽藍は焼失してしまった。

現在の伽藍は戦後になって再建されたもので、形式としては飛鳥建築の様式を再現してはいるものの、鉄筋コンクリート造りで、かつての姿を想像することが難しいものになっている。

四天王寺は、大阪平野を南北に延びる上町台地の上に建つが、中世には、そのすぐ西側まで海が迫っていた。そのため、四天王寺は、海に沈む夕陽を眺めるのに絶好の場所とされていた。その光景を眺めながら西方極楽浄土の姿を思い浮かべる「日想観《にっそうかん》」とい

う修行の方法があり、それが実践されていた。途中で途絶えたものの、2001年秋から復活されている。

浄土との結びつきが強い四天王寺には、境内の北に墓地がある。そこは、1区画（90センチ×90センチ）で500万円（管理料は年間1万2000円）と、都会にあるだけにかなりの費用がかかる。

一方で、境内の西側には、納骨総祭塔《そうさいとう》というものが建っている。これは、納められた骨を供養塔の下に合祀するものである。納骨した当初の段階では、年に3回ある納骨総祭法要（2月末頃・6月末頃・10月末頃）まで、阿弥陀堂の西にある納骨堂に仮安置し、法要後に合祀する。供養塔は石の五輪塔《ごりんとう》で、年を経ると、新しいものが建てられる。

納骨のための回向料《えこうりょう》は1万円からで、個別に回向してもらったとしても3万円からで済む。個別に回向してもらえなくても、供養自体はしてもらえる。合祀されるということは、他の人の骨と一緒に葬られるということである。

合祀であるにしても、1万円からというのはずいぶんと安い。そのように考える人は少なくないであろう。

しかも、大阪市の火葬料は、第1章で見たように市民なら1万円である。これを反映し、大阪の葬祭業者の直葬の料金は10万円を切るところがかなりある。大阪では、健康保険から埋葬料が5万円出るので、直葬にして、四天王寺に納骨すれば、5万円程度で故人を聖徳太子ゆかりの寺に葬ることができるのだ。

東京からでも可能！ 西本願寺、東本願寺、知恩院でも本山納骨が可能

関西地方には、多くの宗派の総本山がある。浄土真宗の西本願寺と東本願寺、浄土宗の知恩院《ちおんいん》、天台宗《てんだいしゅう》の延暦寺《えんりやくじ》（比叡山）、真言宗の金剛峯寺《こんごうぶじ》（高野山）である。そうした総本山の多くでは、「本山納骨」ということが行われている。本山に遺骨を持っていき、そこに納めるのだ。

西本願寺の場合には、京阪《けいはん》電車の清水五条《きよみずごじょう》駅の近くに大谷本廟《おおたにほんびょう》がある。これは、西大谷とも呼ばれるが、ここで浄土真宗本願寺派の信者（門徒と呼ばれる）が納骨できるようになっている。

大谷本廟には、宗祖《しゅうそ》である親鸞《しんらん》の墓所である祖壇《そだん》があり、その前には礼拝するための

明著堂《めいちょどう》が建っている。納骨は、「祖壇納骨」と呼ばれ、親鸞の墓所の近くに合葬されることになる。

納骨のための「懇志《こんし》」（布施）は、小型容器で3万円以上、それより大きな容器で5万円以上である。

小型容器は、骨壺を入れる骨袋《こつぶくろ》を含め、高さ15～16センチ、幅9センチまでとされている。これは、前の章でふれた2・3寸の骨壺だけがそれに相当する。

なぜ2・3寸の骨壺が存在するのか、これでその理由が分かる。この小さな骨壺は、本山納骨を前提としたものである。関西では、火葬したときに、大小2つの骨壺を用意し、2・3寸の小さな骨壺は本山に納骨し、それよりも大きいほうは墓に納めることが広く行われている。これは、「分骨」と呼ばれる。

ただ、分骨しないで、遺骨全部を納骨することも可能で、そのときは5万円以上の懇志が必要になる。

東本願寺、真宗大谷派《しんしゅうおおたに》では、円山《まるやま》公園の南に大谷祖廟がある。こちらも納骨されると合葬される。したがって、いったん納骨してしまえば、返還されることはない。

こちらは、供養の形によって礼金が異なっている。一年に一度、彼岸会《ひがん》に供養してもらうものが4万円以上で、それがなければ2万円以上である。年に12回毎月の命日に供養してもらい、案内状も受け取る場合には10万円以上となる。

大谷祖廟でも、真宗大谷派の門徒でなければ納骨ができず、申し込みをする際には、書類に所属寺院を記入しなければならない。

浄土宗の知恩院では、誰もが納骨できるとされ、浄土宗の信者である必要はない。なお、納骨には4万円がかかる。

真言宗の金剛峯寺では5万円以上とされる。天台宗の延暦寺の場合には、本山納骨のようなやり方はとっていない。関西ではないが、福井にある曹洞宗の総本山、永平寺も、そこは禅の道場であり、本山納骨は行っていないが、分骨は可能である。同じ禅宗の臨済宗は、多くの派に分かれていて、どこも規模が小さいので、浄土系の宗派のような本山納骨はやっていない。ただし、納骨自体はできるところもある。

関東には、宗派の総本山としては日蓮宗《にちれんしゅう》の久遠寺《くおんじ》と、時宗《じしゅう》の遊行寺《ゆぎょうじ》があるが、遊行寺では本山納骨にあたるやり方はとっていない。

久遠寺では、5万円の供養料で納骨ができるものの、それは、あくまで分骨されたものであり、全骨だと200万円もかかる。実質的に関東には本山納骨の制度はないと考えていいだろう。

関西圏の本山納骨では、2万円から5万円で、遺骨をすべて本山に納めることができる。関西では部分拾骨なので、もともと骨の量が少ない。そのことも、骨仏や納骨が安価で、容易なことに結びついている。

もちろん、本山納骨は関西に住んでいなくてもできる。東京に住んでいる浄土真宗の門徒が本山納骨をしようとすれば、大谷本廟なり、大谷祖廟まで行けばいい。知恩院なら、宗派を問わないわけだから、誰もが納骨できる。

ただ、東京から京都へ行くには、交通費がかかる。それに、東京の人間は、こうしたやり方があることをほとんど知らない。知らなければ、本山納骨をしようとはしない。

ここにも、東と西、関東と関西の間での葬送文化の違いということがはっきりと示されている。

寺とのつながりが希薄な関東の人間は必然的に葬り方に金がかかる

関西には、独特の葬送文化が確立されており、状況に応じてさまざまな方法を選択することができる。

ところが、東京を中心とした関東では、結局のところ、独自の葬送文化が確立されることはなかった。17世紀のはじめに江戸幕府が開かれ、それから400年以上にわたって、東京は日本の中心に位置してきたにもかかわらずである。そこに納骨格差が生じる根本的な原因がある。

私は、第2章でも述べたように、一時、NPO法人「葬送の自由をすすめる会」の会長をつとめていたことがある。この会は、それまで違法と見なされていた散骨（会では自然葬と呼ぶ）の実践を可能にした組織だが、会員の圧倒的多数は関東で、それに比して、関西の会員の数は少なかった。

関東の人間が、遺骨を細かく砕いて海や山に撒いてしまい、墓を造らない散骨を望み、それを実践することに熱心なのも、関東では、遺骨をどうするか、選択肢がかなり限られているからである。

それに対して、関西では、数万円、場合によっては1万円で納骨が可能である。そもそも、火葬場で遺骨を引き取らない0葬だって容易に選択できる。

関東では、さまざまな手段を選ぶことができず、遺骨を墓に埋葬しなければならないからこそ、散骨が魅力的な手段に映るのである。

もちろん、本山納骨は、合葬であり、合祀である。納められた骨は、骨壺に入れて個別に供養されるわけではなく、他の人間の遺骨と一緒に葬られてしまう。

関東の人間には、そうしたやり方に抵抗があると思われるかもしれないが、身近にそうした手段がないことが決定的である。

最近では「送骨」というやり方が広がりを見せている。これは、お寺に遺骨を郵送すると、合葬し、供養してくれるというものである。費用は3万円から5万円で、戒名がつく場合には5万円というところが多い。その点では、本山納骨と変わらない。

郵送でというのは、法律によって、郵便局を通しては遺骨を送れるが、宅配便では送れないことになっているからである。

これも、墓がない、菩提寺がない家、あるいは個人が増えているからで、送骨してしまえば、後は一切費用がかからない。管理料など毎年支払う必要がないのだ。

その点でも、本山納骨と変わらないやり方であるとも言えるが、本山納骨は分骨がもともとのやり方で、宗祖の元に葬られたいという信仰上の動機からはじまっている。

ところが、送骨は遺骨全部を送ってしまうのが基本で、墓の代わりという性格が強い。信仰という要素は希薄である。

関西には、そもそもお寺が多い。奈良や京都には、古代や中世から続く規模の大きなお寺がいくつもある。大阪にも、また他の関西地方にも、いくらでもお寺があり、一般の人たちの信仰を集めている。

関西のお寺は、それぞれが特定のご利益を強調していたり、広く知られた祭や行事を行っていたりすることで知られる。

ところが、関東のお寺では、そうしたところは少ない。ほとんどは檀家だけが法事や墓参りに訪れるところになっていて、一般の人が訪れるお寺はごく少ない。

それでもよく知られているところとして、浅草の浅草寺《せんそうじ》や巣鴨《すがも》の高岩寺《こうがんじ》（いわゆるとげぬき地蔵尊）、深川不動堂、それに増上寺があり、他にも西新井大師や新井薬師、高《たか》幡《はた》不動尊、高尾山の薬王院《やくおういん》などがある。

東京を中心とした関東で、葬送文化が十分な形で確立されなかったのも、仏教文化が発展しなかったことが大きい。それでは、東京やその周辺に生きる人々が、仏教とのつながり、お寺とのつながりを持とうとするようにはなってこない。

そして、葬り方の選択肢も少なく、墓を造れば、相当な費用がかかる。関東で死ぬ、東京で死ぬということは、自動的に多くの金を必要とするということなのである。

第4章　骨葬とは何か

――葬式は、火葬してからやるか、やってから火葬するか

北海道、結婚式に見る祝儀格差

葬式をめぐる地域による違いは、東日本と西日本、関東と関西の間にだけあるわけではない。葬式を含めた冠婚葬祭は、それぞれの地域で独自の慣習が確立されており、結婚式や葬式のやり方はかなり違うのだ。

結婚式について特徴的なのが北海道のやり方である。

結婚式は、カップルが結婚を誓う「結婚式」と、そのことを親族や知人、友人に披露する「披露宴」とに分かれている。結婚式は、宗教の形式に則って行うことが多く、神道式やキリスト教式がある。あまり知られてはいないが、仏教式の結婚式もある。僧侶が結婚する際には、仏教式で行われる。

葬式もそうだが、結婚式にも宗教の形式に従わない無宗教式がある。それは「人前結婚式」と呼ばれる。式場に集った人々の前で結婚を誓うからである。

北海道に特徴的なのは、披露宴が基本的に「会費制」だというところにある。

他の地域では、披露宴に招待されたときには、祝儀を持参する。祝儀の額は、その人間の社会的な地位や新郎新婦との関係によって変わってくるが、一般の招待客は3万円というのが相場になっている。かなりの額だ。

そのため、披露宴では、豪華な会場が使われ、フルコースの食事が振る舞われ、引き出物も立派なものになる。ざっと計算してみれば分かるが、とても祝儀だけでは賄えない。不足分は、式を挙げる側が負担する。たいがいは新郎新婦の親である。結婚式の費用の半分は親が出し、後は祝儀で賄う。それが一般的なところだろう。

会費制の北海道の場合だと、祝儀を出す必要はない。招待された客は予め決められている額の会費を支払う。最近は会費の額が上がってきて、1万5000円程度とされるが、それでも一般的な祝儀の半額である。ここには、「祝儀格差」が存在する。

その分、披露宴の内容も変わってくる。とくに引き出物は、1000円前後の記念品や菓子などで済まされる。

それとは直接に関係しないが、席順も異なっている。

他の地域では、新郎新婦の親など親族は下座に席をとることになるが、北海道では上座に座る。

北海道には、もともとアイヌ民族が生活していたが、明治以降本土から移住してくる人間が増えた。移住者の出身地はさまざまなので、初期には青森県や新潟県など、東北や北陸からの入植者が多かった。そうなると、ある特定の地域の慣習に従うわけにはいかず、北海道独自のやり方が生み出された。会費制の結婚式もその一つである。

北海道の人たちは、結婚式は会費制でやるものだと思っているから、祝儀を出すという慣習についてははっきりとは認識していない。3万円の祝儀などまったく想定しておらず、それだけの額を出すことにためらいを覚える。

テレビの番組で一緒になった北海道出身の芸人が結婚し、披露宴を開いたという話を聞いた。相手が他の地域の出身なので、北海道だけでなく、新婦の出身地でも披露宴をしたということだった。それも、会費と祝儀の違いが影響していたことだろう。北海道の人間は、会費の倍の額を出さなければならない他の地域の披露宴には出にくいのだ。

記帳も香典半返しもなし！　なるべく金をかけない北海道の葬式の知恵

そんな北海道だから、葬式にも独特な部分がある。

一番の違いは、香典《こうでん》を出したとき、必ず領収書が渡されることである。

他の地域でも、弔問客が請求すれば領収書が渡される。それは、仕事関係で葬式に参列したときに、香典は経費で落ちるからである。ちなみに社葬の費用も経費で落ちる。

ただ、北海道以外の地域の人間は、香典を経費として落とそうとしても、領収書をもらったりはしない。香典と引き換えに渡される会葬礼状などにメモしておけば、税務署もそれを認めてくれるからだ。

これに関連して、北海道では、記帳の習慣がない。その代わりに、香典袋の表に住所氏名を記入しておく。ただしこれは、香典返しのためではない。

他の地域では、香典返しは「半返し」ということで、後日、茶や海苔、あるいはカタログなどが送られてくる。それが北海道では、香典を出した際に渡される会葬のお礼だけがすべてで、渡される品は1000円以下の粗品や図書カードなどである。

ここにも、会費制の結婚式と共通する精神が生きていて、冠婚葬祭にはなるべく金をかけず、半返しなどという必ずしも合理的とは言えないやり方をとらないのが、北海道流なのだ。

現在では、半返しは当たり前だと考えられているものの、考えてみれば、これほど不合理な慣習もない。

香典は本来、葬式の費用の一部を分担するために出すものである。その半額が香典返しに使われれば、十分にその役割を果たせない。しかも、香典返しに使われる金は、業者の手に渡ってしまう。これでは、いったい誰のために葬式をやっているのか、それが分からなくなってしまう。カタログなど、欲しいと思うような品が載っていないので、そのうち葉書を出すのを忘れてしまう。遺族にはそれが分かる仕組みになっているのだろうか。

そもそも、香典の習慣はそれほど昔からのものではない。祝儀の場合にも同じで、結婚式や葬式の参列者が現金を祝儀袋や不祝儀袋に入れて持参するというやり方が広まったのは1970年代以降のことである。

1970年には、塩月弥栄子の『冠婚葬祭入門』という本が大ベストセラーになった。その本を見てみると、披露宴に招待されたときには、事前に祝いの品を贈るのが礼儀にかなっているとされ、現金で祝儀を持っていくやり方はやむを得ないときの非常の手段であるとされている。

村で葬式組《そうしきぐみ》が生きていた時代には、香典を現金で持っていくのではなく、蕎麦や素麺《そうめん》などを持参した。都市化が進むことで、現金を包むという方法が定着していった。そこには、結婚式や葬式にかかる費用が高額になったことも影響していたはずである。半返しをしない北海道の人たちは、香典のそもそもの意味をしっかりと理解していると言えるのだ。

「生仏は葬祭会館には入れない」葬式の前に火葬する地域がある

もう一つ、北海道の葬式の特徴としては、通夜や葬式の後に、親戚一同が集合写真を撮ることが挙げられる。これも、他の地域ではあまり聞かない習慣である。

さらに、これは北海道のなかでは、函館《はこだて》を中心とした道南《どうなん》地方にだけ見られることだが、通夜をして葬式をする前に火葬してしまうのである。

一般的に葬式は、通夜からはじまって、翌日の葬儀・告別式を経た後に出棺し、火葬する。火葬した遺骨は骨上げされる。葬儀と告別式が分かれるのは、葬儀では僧侶が導師として読経するが、それが終わると退席し、告別式には僧侶はいないからだ。

多くの人たちは、それが当たり前のやり方だと考えている。けれども、道南地方のやり方をとる地域も実は少なくない。とくにそのやり方が広がっているのが東北地方である。東北では、通夜の後に火葬し、葬式のときの祭壇には骨袋に入った骨壺が置かれる。

ただ、東北でも一番南に位置する福島県では、葬式の前に火葬する地域と、葬式の後に火葬する地域が混在している。それは、福島県に隣接する関東の茨城県の場合も同じである。

東北の習慣が、北は北海道の道南地方に伝えられ、南は関東との境まで及んだということだろう。

葬式よりも前に火葬する地域は他にもある。甲信・東海地方に属する山梨県、長野県、岐阜県、静岡県では、全体には及んでいないが、火葬を葬式より先にする地域がかなりある。

鳥取県でも、一部の地域で葬式の前に火葬する慣習があり、一時はそれが広まっていたようだが、現在では周辺の地域に合わせるようになったのか、少なくなっている。九州でも、一部の県では、葬式の前に火葬するところがある。

葬式の前に火葬してしまい、骨壺で葬式を行うやり方は「骨葬《こつそう》」と呼ばれる。祭壇は、一般的なものと同じだが、棺桶の代わりに骨壺が置かれる。骨葬を知らない人間からすれば、見慣れない光景である。

骨葬が広がっていない地域でも、場合によってはそれが選択されることがある。

それは、まず家族、親族だけで葬式を行い、そこで火葬して骨にしてしまい、後日、参列者を招いて改めて葬式をする場合である。葬式までの間隔が空いてしまえば、その前に火葬するしかない。

東北でも、現在では葬祭会館で葬式が行われるのが普通だが、骨葬で行われるため、「生仏《なまぼとけ》は葬祭会館には入れない」と言われている。かなり生々しい言い方だが、火葬される前の遺体を前にして葬式を挙げたりはしないのだ。

また、これは青森県で聞いた話だが、通夜には近親者しか行かず、故人や喪家《そうか》とそれほど関係が深くない人間が出向くと、怪訝《けげん》な顔をされるという。つまり、一般の参列者は葬儀・告別式にしか参列しないのだ。

通夜と、葬儀・告別式のどちらに参列者が多いかは地域によって異なる

最近では、葬儀・告別式よりも、通夜に多くの参列者が来るようになってきた。昔はそうでもなかった。現在では、通夜が夜に営まれるため、仕事を終えて駆けつけることができるのに対して、葬儀・告別式は午前中に行われるため、仕事を休まなければならない人が多い。その分、葬儀・告別式の参列者が減っている。両方に参列する人もいるが、だんだんそれは少なくなっている。

現在では、通夜が一般の参列者のためのもので、葬儀・告別式は近親者だけのものという形にさえなってきている。

それが、東北ではまだ反対のようで、参列者が多いのは葬儀・告別式なのである。ただ、骨葬をする場合に、途中に火葬が挟まるため、通夜と葬儀・告別式の間に日にちが挟まることがある。そのときは、「逮夜《たいや》」と称して、葬儀・告別式の前日に通夜のようなものを営むことがある。

また、通夜に呼ばれた人に対して食事が振る舞われ、参列者が、香典とは別に、「御《お》夜食料《やしょくりょう》」を持参するところもある。

なぜ骨葬のような習慣が生まれたのだろうか。

はっきりとした起源が分かっているわけではないが、東北では冬には雪がかなり降り積もり、移動の自由がきかなくなる。そこで、とりあえず火葬して、葬式は後にするようになったという説がある。

あるいは、遠洋漁業に出かけている人間が多い地域では、そうした人間たちが帰ってくるのを待って葬式をするためだという説もある。

どちらの説も当たっているところはあるだろうが、火葬が一般化する前、土葬の時代にはどうだったのだろうか。

土葬する場合、それほど長く遺体を放置しておくわけにはいかない。その時代にはドライアイスなど使うことができず、放置すれば、遺体は腐ってしまう。

自宅では通夜が営まれ、その間に、近親者、あるいは葬式組の人間が、土葬するため地域の共同墓地に穴を掘る。雨など降っていれば、それはけっこう厄介な仕事になった。

穴が掘れたところで、遺体は棺桶に入れられ、それを墓地まで担いでいく。その際に、「葬列」が組まれる。現在の火葬に行くときと同じようなもので、葬列に加わる人間は、棺桶を担いだり、遺影を持ったり、旗などをさしていったりする。

この葬列を組むこと自体が葬式で、墓地に着けば、棺桶ごと遺体を穴に埋葬し、その上に土をかけて、土の上には木の簡単な墓標を建てる。それで、土葬による葬式は終わるのである。葬列を組む前に通夜はあるものの、葬儀も告別式もなかった。

比較的新しい告別式の歴史

告別式の起源は、中江兆民《なかえちょうみん》からはじまるというのが定説になっている。兆民は、自分が死んだら火葬場に直行し、荼毘《だび》にふすだけでいいと遺言していた。そこで、葬式は行われなかったのだが、その後に仲間が宗教によらない告別式を開いた。今で言うお別れ会である。

その点では、告別式は大正時代になってから生まれた比較的新しい習慣であると言える。だからこそ、僧侶が退席してから行われるのである。

土葬の時代には、葬列を組み、埋葬することが葬式で、自宅や菩提寺で改めて葬式を営むことはなかった。その後、有力者や裕福な家は、追善《ついぜん》供養のために年忌法要を営んだが、どの家でもそれをしたわけではなかった。

日本以外の国でも現在では火葬が広がりつつあるが、まだ土葬が中心という国は先進国でも珍しくない。

アメリカでも、「はじめに」でも述べたように、かなり火葬が増え、土葬と火葬が拮抗している。土葬する場合、これは、映画やテレビのドラマを通して見る機会も多いが、葬式の中心は埋葬の際の儀式である。参列者は、土葬される場所の周囲に集まり、棺桶は土の中に埋められている。土をかける前に、神父や牧師が祈りを捧げ、参列者は棺桶の上に花を投げ入れたりする。

このように、土葬の場合には、葬式イコール埋葬である。日本では、その前に、遺体を自宅で安置し、通夜を営んできたわけである。

そこに、後になって火葬が入ってきた。そうなると、葬式のやり方も変化していくことになる。

土葬が火葬に代わると、当然ながら、遺体の埋葬ということがなくなる。火葬した遺骨を墓に納める納骨は、後日、多くは四十九日の法要の際に行われる。

埋葬がなくなれば、埋葬をもって葬式とするわけにはいかない。そこで、今日の葬儀・告別式が営まれるようになったのだが、骨葬を行っている地域では、土葬時代の慣習が残っていて、通夜の後に、埋葬の代わりに火葬するようになった。そして、その後に、新たに葬儀・告別式が導入された。そのように考えられるのではないだろうか。

自宅ではなく、葬祭会館で葬式を営むというときには、通夜にも葬儀・告別式にも祭壇を設けるわけで、それなら通夜の翌日に葬儀・告別式をやったほうがいい。間を空け、また祭壇を組むというのでは費用も嵩む。

そこで、通夜、葬儀・告別式の直後に火葬するというやり方がとられるようになった。骨葬の地域では、通夜をやるところは自宅で、葬儀・告別式は葬祭会館になる。「生仏は葬祭会館には入れない」という言い方が生まれるのも、遺体を前にしての通夜は葬祭会館では行わないからである。その原則がある限り、骨葬する地域では、葬祭会館では通夜はできない。

最近では、とくに都市部においては、火葬までかなりの時間待たされるという事態が生まれている。死亡者の数が増えたにもかかわらず、火葬場は一向に増えないからだ。

最新の設備を誇る名古屋市の八事斎場では、まだ火葬する数に余裕があるようだが、たいがいの火葬場では混雑が激しくなっている。

それも、火葬は午前中に営まれる葬儀・告別式の後にというのが一般的で、どうしても時間が集中してしまうからである。

火葬が終わるのを待つ間、火葬場まで来た家族や親族は、そこで食事をとる。そんなやり方が定着してしまったために、火葬の時間が昼頃に集中し、どうしても火葬場は混雑してしまうのだ。

なかなか火葬できない遺体を安置する「遺体ホテル」と、簡略化した「一日葬」

火葬まで何日も待たされるとなると、それまで遺体をどこかに安置しておかなければならない。通常は、火葬場や斎場、葬祭業者の遺体安置室、保冷庫で保管しておくことになるが、こうした場所もしだいに混雑するようになってきた。

私は、3年ほど前、ある葬式で、遺体と対面するため斎場の遺体安置室に入ったことがあった。そこには、火葬を待つ多くの遺体が安置されていたが、安置する場所が次々と増設されてきたことが分かった。

こうした状況のなかで、斎場などで安置できない遺体を預かる施設も生まれている。それが、「遺体ホテル」などと呼ばれるもので、遺体を葬式までそこに安置しておくのだ。料金はビジネスホテルの宿泊料くらいである。

ただ、こうした施設が建てられるときに、地域の住民が反対することも多く、それが問題になったりする。

また、安置している期間が長くなれば、それだけ費用が嵩む。これから、さらに死亡者の数は増えていくわけで、現在のやり方が曲がり角にさしかかっていることは間違いない。

いつ葬式を行うかは、いつ火葬ができるかで決まってくる。人がいつ亡くなるかは予想のできないことで、火葬を予約しておくわけにもいかない。

火葬の時間をずらせば、待つ期間も短くなるのだろうが、通夜から葬儀・告別式、そして出棺、火葬という流れが出来上がってしまっているために、火葬場での混雑を避けられなくなっている。

すでに述べたように、現在では、直葬や家族葬が増え、葬式の簡略化が進んでいる。なかには、通夜を省いた「一日葬」などというものも提供されるようになってきた。通夜をせずに、納棺から葬儀・告別式、そして火葬を一日で行ってしまうのだ。

昔の通夜は、埋葬するための穴が掘られ、埋葬を待つ間に営まれるもので、近親者は一晩中、遺体に付き添うというやり方がとられた。それを通して、故人との別れを偲《しの》ぶのだ。

ところが現在では、通夜は、そうした意味を失い、多くの参列者が集まり、通夜振る舞いに与り、酒を飲みながら、故人のことを話題にする場に変わっている。葬式の中心が、通夜になってきたとも言える。

時代は変わり、地域独特の葬り方が絶対ではなくなっている

このように、葬式のやり方は、時代とともに変化し続けている。

一般に、冠婚葬祭の習俗は伝統的なもので、昔から受け継がれてきたというイメージがある。だからこそ、昔からのやり方に従う必要があるとされるわけである。

ところが、現実には、そうした習俗は決して古いものでないことが多い。社会生活の変化に応じて、習俗は変わってくるし、今の生活に適合したものでなければ、誰もそれに従おうとはしないからである。

であれば、骨葬を行ってこなかった地域でも、骨葬を導入してもいいかもしれない。とりあえず遺体は火葬にふし、それから、近親者が集まって家族葬をすればいいのだ。その後、多くの参列者を呼んで、一般的な葬式を行うかどうかは、時間をかけて決めればいい。その場合には、もちろん骨葬になる。あるいは遺骨は不要かもしれない。亡くなってすぐに、通夜から葬儀・告別式、火葬へと進んでいく必要も、現在ではなくなっているのではないだろうか。

実際、家族葬の場合には、参列者の数を絞って営まれるので、その方向に向かってきているとも言える。そうなれば、火葬が集中する時間を避けることもでき、何日も遺体を安置しておく必要もなくなる。

葬式をめぐる習俗について、たいがいの人は、自分の住む地域でのことは知っていても、他の地域でのことは知らないことがほとんどだ。知る機会がないからである。

そのために、自分の地域で営まれるやり方を絶対的なものと考えてしまいがちで、それには従わなければならないと思い込んでしまう。

しかし、地域によって習俗は異なり、その地方特有のやり方が絶対というわけではない。それぞれの地域の習俗が生まれるにあたっては、地域の事情がかかわっているのだろうが、その事情も時代とともに変化していく。

葬式にかんして、他の地域の習俗を知り、各種の格差が存在することを認識することが、今や重要なことになっている。それによって、地域でのやり方を合理的なものに変えていくことに抵抗を感じることが少なくなっていくからである。

第5章 位牌堂とは何か

——急速に意味を失う寺檀関係

寺の庫裡に仏壇が並ぶ、青森の位牌堂

それは、私が「葬送の自由をすすめる会」会長として青森市へ行ったときのことである。地元で自然葬（散骨）を広げる運動をしている人たちの集まりに呼ばれ、講演をした。青森は東京から遠く、宿泊することになっていたので、講演の主催者が開いた懇親会にも出ることになった。

その懇親会の席上で、参加者同士が「位牌堂《いはいどう》」の話をしているのが聞こえてきた。私はそれまで、位牌堂などというものがあることを知らなかったので、それがいかなるものか尋ねてみた。すると、菩提寺には位牌堂というものがあり、檀家はそこに位牌を祀っているというのだ。話題になっていたのは、その費用がかなりの額にのぼるからだった。

私は、位牌堂が実際にどういったものなのか知りたいと思ったので、翌日、位牌堂を見学させてもらうことにした。そこは、青森市にある日蓮宗の寺で、庫裡《くり》のなかに位牌堂があった。

位牌堂はかなりの広さで、正面奥には、その寺を開いた僧侶が祀られていた。また、手前には、多くの仏壇が並んでいた。それは「位牌壇《だん》」と呼ばれ、その数は2012席にも及んでいた。

入口を入ると通路があり、その両脇に位牌壇が並んでいるのだが、手前のほうは3段になっていて、それほど大きくはなかった。

それが、先へ進むと2段になり、その分、位牌壇は大きくなる。

そして、開基《かいき》の僧侶が祀られているところまで行くと、左右の位牌壇は1段で、かなりの大きさになっていた。

檀家は、祀っている先祖の位牌を位牌壇に安置し、その供養をする。位牌壇の手前には供物が置けるようになっていた。

簡単に言ってしまえば、家庭にある仏壇が並んでいるようなもので、それぞれの家は位牌壇を借りる形になる。不要になれば、寺に返還するわけである。

位牌壇を使うための額が示されていたかどうかは覚えていない。ただ、3段よりも2段、2段よりも1段のほうが高いことは間違いなかった。1段ともなれば100万円を超えるのではなかっただろうか。最初にまとまった額がかかるだけではなく、年間の使用料も必要なようだった。これはまさに「位牌格差」である。

懇親会で位牌堂のことを持ち出した人によると、家には仏壇があるし、家の墓もある。その上で、位牌壇を維持しなければならないというのはかなりの負担だと言うのだ。

なぜ位牌堂などというものがあるのだろうか。

その人の説明では、青森は冬、大量の雪が降るので、墓参りすることができず、その代わりに位牌堂へ参るのだという。

しかし、私はこの説明を聞いておかしいと感じた。青森も現在は火葬で、どの家も墓に石碑を建てている。ただそれは、火葬が普及してからのことで、土葬していた時代には、参るための墓などなく、墓参りなどしていなかったはずだからである。

全国どこでも位牌堂があるわけではなく、あるところは限られているようだ。そのせいか、位牌堂についての研究もない。

話題になった鵜《う》飼《かい》秀《ひで》徳《のり》氏の『寺院消滅――失われる「地方」と「宗教」』（日経ＢＰ社）という本には、最初にカラーの口絵がついていて、そのなかに、東日本大震災の津波で流された岩手県陸前高田市《りくぜんたかた》にある龍泉寺の様子が写っているものが含まれていた。本堂は流され、破壊された位牌堂だけが残っているという光景である。

青森や岩手ということになると、位牌堂に位牌壇を設ける習慣は、骨葬と同様に東北を中心としたものであるようにも思える。だが、実際には全国に散らばっているのだ。ただ、青森の日蓮宗寺院とは違い、位牌壇がないところもあり、位牌堂に、檀家の位牌がそのまま並んでいるようなところもある。

日本ですでに14世紀には存在が確認できる位牌は、もともと中国から伝来

位牌堂を使っている人もそうだが、その存在を知らない人間からすれば、位牌は家の仏壇で祀るもので、なぜ位牌堂でも安置しなければならないのか不思議に思えてくる。

位牌堂に安置する位牌は「寺位牌」と呼ばれ、家の仏壇に安置する位牌は「本位牌」と呼んで区別されている。

葬式のときに用いられる位牌は、「白木位牌」と呼ばれるものである。何も塗っていない白木に享年《きょうねん》や俗名、戒名を記す。これは、すぐにできるので、急にめぐってくる葬

式で用いられることになる。

この白木位牌は、「野位牌《のいはい》」とも呼ばれる。それはもともと、葬列を組んで野辺の送りをする際に、喪主が持っていったものだからである。

通常、白木位牌は、四十九日の法要が終わり、忌明けの段階で、漆を塗り、金箔や金粉を施した本位牌と交換される。本位牌は、「塗位牌《ぬりいはい》」とも呼ばれ、戒名を中心に、享年や俗名を記すものである。通常は、これを仏壇に祀って、供養の対象とする。位牌堂に安置する位牌も、この塗位牌である。

では、そもそも位牌とは何なんだろうか。位牌堂のことを考えるには、その点を押さえておく必要がある。

仏教はインドで生まれた宗教だが、周辺諸国に伝えられることで、かなり変容を遂げていった。インドには輪廻の思想が根本にあり、仏教もその影響を受けている。したがって、輪廻からいかに解脱するか、つまりは一度死んだら生まれ変わらないことが理想とされていた。そのために修行し、悟りをめざすのである。

ところが、仏教が中国に伝えられると、大きく変容することになる。中国の僧侶たちは、インドとの間にある険しい山を越え、苦難の旅の果てに、インドから数多くの経典を中国にもたらした。それを翻訳することで、仏教の教えを学んでいったのだ。

だが、その一方で、仏教を中国の実情に合わせて変容させることにも熱心で、とくに伝統的な祖先崇拝の観念が仏教のなかに組み入れられていった。

その代表的な事例が、『盂蘭盆経《うらぼんきょう》』が作られたことにある。これは、目連尊者《もくれんぞんじゃ》が、自分の母親が地獄に落とされて苦難に苛まれているのを知り、師匠である釈迦に救いを求める話だが、そこから盆における先祖供養がはじまることになる。

要するに、中国にもともとあった先祖供養の習俗が仏教にも取り入れられたわけで、中国から仏教を取り入れてきた日本も、その影響を強く受け、仏教信仰のなかに先祖供養が組み入れられたのである。

位牌も中国から受容したものである。

家庭の仏壇と位牌堂の、なぜ2箇所で位牌を祀るようになったのか

南北朝時代を舞台にした戦記文学である『太平記』の物語は、14世紀に書かれたもの

ではないかとされ、大いに人気を集め、さまざまな形で社会にも影響を与えることとなった（その点について詳しくは、岩波文庫版『太平記』の校注者、兵頭裕己《ひょうどうひろみ》氏による解説を参照）。

『太平記』の第35巻8の「北野参詣人政道雑談《きたのさんけいにんせいどうぞうだん》の事」では、「斗藪《とそう》の聖《ひじり》、つくづくとこれを聞いて、笈《おい》の中より小硯《こすずり》取り出《いだ》して、卓の上に立てたる位牌の裏に、歌をぞ書き付ける」とある。これで、14世紀には位牌が存在したことが裏づけられる。

南北朝時代の禅僧で詩人でもあった義堂周信《ぎどうしゅうしん》の日記である『空華日工集《くうげにっくしゅう》』には、1371（応安4）年12月30日の項に、「位牌、古にある無しなり、宋以来これあり」と、位牌は宋の時代（960～1279年）になって生まれたものであるとされている。

宋の時代には、中国において宗教が大きく変容していった。新しい儒教の流れとして朱子学が登場したからである。その宋の時代に生まれた冠婚葬祭のマニュアルが『家《け》礼《れい》』だった。そこでは、故人の名を記した板状の「主碑《しゅひ》」と呼ばれるものを、それぞれの家の家廟に祀る祭祀のことが紹介されていた。

この宋の時代に、仏教のなかで大きく発展したのが禅宗だった。禅宗においては、雲《うん》水《すい》が禅寺において坐《ざ》禅《ぜん》などの修行を行うことが基本になっており、禅寺での生活の仕方を定めたものが「清規《しんぎ》」と呼ばれるテキストだった。

清規においては、儀式のやり方や日常生活の作法などが細かく定められていたが、そのなかに、『家礼』の影響を受けた葬儀の作法を示したものがあった。宋に続く元の時代に編纂された『禅林備用清規《ぜんりんびようしんぎ》』には、位牌のことも出てきて、「椅卓《いたく》に位牌を舗《なら》べ設け、香《こう》と灯《とう》を供養す」と述べられている。

日本に仏教が伝えられてからは、日本の僧侶が中国に渡ることもあれば、中国の僧侶が日本にやってくることもあった。鑑真《がんじん》などが後者の代表となるわけだが、とくに禅宗の場合には、日中の交流は盛んで、日本の禅寺では、中国語が話されていたと言われる。禅僧が中国との貿易にかかわるのも、中国語に堪能だったからである（榎本渉『選書日本中世史４　僧侶と海商たちの東シナ海』講談社選書メチエ）。

こうして禅宗を媒介にして、もともとは儒教で用いられていた位牌の習俗が日本にも伝えられることとなった。位牌は、家庭の仏壇にも、菩提寺の位牌堂にも祀られるようになっていく。位牌堂についても、中国の家廟の影響があるのかもしれない。

しかしなぜ、2箇所で位牌を祀るようになってしまったのだろうか。

そこにはやはり、火葬の普及ということが影響しているのではないだろうか。

日本で檀家制度が民衆の間にも浸透していくのは、江戸時代に寺請《てらうけ》制度が生まれたからである。これは最初、キリシタン対策としてはじまり、それぞれの家はキリシタンでない証に、お寺の檀家になることを強制された。そして、僧侶には高い識字能力があったため、寺が行政機構の末端の役割を果たすようになった。檀家の出生、死亡、結婚、旅行などは、菩提寺に届けなければならなくなったのである。

お寺というものは、もともと天皇をはじめとする皇族や藤原氏などの貴族からの寄進《きしん》によって創建された。その際に、お寺を維持していく費用を捻出するため、併せて土地が寄進された。土地を利用したり、それを貸したりして金を稼がなければ、生産力を持たないお寺というものは維持できないのである。

武士が台頭すると、武士もまたお寺のスポンサー役を担うようになる。ただし、この段階でも、お寺の檀家になるのは経済力のある有力な階層の人間たちだけだった。そのなかに、一般の庶民は含まれていなかった。

檀家が寺を抜けるとき「離檀料」200万円を請求されることも少なくない

それが、江戸時代の寺請制度によって状況が根本から変わり、一般の庶民もお寺の檀家になっていった。それは、それぞれの家の祖先の供養をお寺に任せられるということでもあるが、一方で、お寺を支える役割を果たさなければならなくなったことを意味する。

もちろん、それぞれの村にあるお寺は、都にあるような立派なものではなかった。茅葺きの屋根をふき替えるというときには、檀家である村人が総出であたれば済んだ。お寺の建物を建てること自体も、檀家の力で可能だった。当時の僧侶は出家であり、妻帯もしていなかったので、生活費もそれほど必要ではなかった。

寺請制度は、一般の庶民にまで仏教の信仰を広めていく上で大きな役割を果たした。しかし、明治に時代が変わる時点で、神仏分離の政策がとられたことで、廃仏毀釈《はいぶつきしゃく》が起こる。それによって破壊され、破却《はきやく》されたお寺も少なくなかったが、菩提寺と檀家の関係、寺檀《じだん》関係がそれで消滅することにはならなかった。寺請制度は消滅しても、実質的にそれが近代にまで持ち込まれたのである。

現在では、お寺の檀家になっている場合には、お寺の墓地に墓があるというのが一般的である。そうした墓地は「寺院墓地」と呼ばれ、民間霊園とは区別される。寺院墓地に墓を設ければ、それは、たんに墓を買い求めるということではなく、そのお寺の檀家になることを意味する（実際には墓は買うものではなく、永代使用料を支払って借りるものである）。

檀家であれば、お寺を支えるスポンサーの立場になるわけで、お堂を建てるとか、修理するといったときには、その費用を分担しなければならない。お寺の住職は、現在では世襲されることが多くなり、お寺は住職の家のものであるかのようにも見えるが、実際には違う。

どのお寺も宗教法人になっていて、住職はその宗教法人の代表役員になっている。お布施にしても、住職の懐にそのまま入るのではなく、いったん宗教法人としてのお寺に入り、それが給与という形で住職に支払われる。その際には、源泉徴収される。宗教法人がまったく税金を支払っていないわけではない。

現代では、お寺のお堂を建てることはもちろん、修理をするというときにも相当な額がかかるようになってきた。茅葺き屋根のお堂をふき替えるというときにも、人手をかき集めなければならず、多額の費用がかかるようになった。住職の子弟を後継者にするための教育費もかかる。そのため、檀家であれば、かなりの経済的な負担を覚悟しなければならなくなっている。

そこから、いろいろと難しい問題が生まれ、檀家から離れたいと考える家も増えてくるわけである。

ところがそうなると、菩提寺から「離檀料《りだんりょう》」なるものを請求されることがある。しかもその額は、２００万円程度にのぼることが少なくないのである。

なぜ檀家を離れる際に離檀料が要るのか。どうしてそれは高額になるのか。離檀料を算出する基準があるわけではないし、これは住職が勝手に決めたものである。

果たして離檀料を請求することは正当な行為なのか。檀家としてのあり方を規定する法律があるわけではない。また、離檀料が不当だと裁判所に訴えた例もないので、現在の時点では、法律的に不当かどうかもはっきりしない。

檀家から離れようとするのは、多くの場合、その家の子どもたちが都会など別の場所で暮らすようになり、菩提寺との関係が希薄になったときである。都会のサラリーマン家庭が、しかも離れた都会から檀家として経済的な負担を続けるのは相当に難しい。まして、位牌堂の面倒まで見なければならないとなれば、不満も大きくなる。なぜ、供養の対象が、墓や仏壇だけではなく、位牌堂にまで及ぶのか。雪で墓参りができないということでは納得できない人は少なくないはずだ。

寺請制度の消滅とその名残りの狭間で、いまだ存在する位牌堂

位牌堂がいったいどのようないきさつで生まれ、それがいったいいつからはじまるものなのか、資料がないので、それを明らかにすることはできない。すでに述べたように、位牌堂については研究の対象にもなっていないからだ。

だが、その成立の事情を想像することはできる。

私が見学した青森市の日蓮宗の寺の場合、墓地はない。檀家の墓は、市の霊園などにあるという。つまり、墓が人質のような形になって、檀家を離してくれないというわけ

ではない。

それは、土葬の時代にも同じだったであろう。土葬すれば、そこは遺体を埋葬した場所ではあっても、参るための墓ではない。民俗学では、埋葬した場所を「埋《う》め墓」と呼び、墓参りをするため別に石塔を建てたものを「参り墓」と呼んで区別するが、埋め墓は、墓参りの対象にはならないのだ。

したがって、青森市のお寺は、墓を媒介にして檀家と寺檀関係が結ばれていたわけではない。となれば、寺請制度もなくなったわけだから、菩提寺と寺檀関係を結ぶ必要は本来ないはずである。

そこで、位牌堂を建て、位牌壇に檀家の位牌を安置することで、寺檀関係があることをはっきりとした形で示そうとしたのではないだろうか。位牌堂の位牌は、寺院墓地の墓と同じ役割を果たしたのである。

それはおそらく、寺請制度がなくなったものの、まだ土葬が支配的だった時代にはじまったものであろう。

その頃、各家庭に仏壇があったかどうかは分からない。仏壇も、大きくて立派なものを求めるにはかなりの費用がかかる。昔、まだ日本人が貧しかった時代に、どの家でも仏壇を購入できたとは思えない。

それなら、位牌を安置する場所として位牌堂の位牌壇は便利である。そこに位牌があるのなら、家で位牌を祀る必要もない。供養の対象は、位牌壇の位牌だけという時代もあったのではないだろうか。

ところが、戦後の日本社会は相当に豊かになり、それぞれの家が立派な仏壇を買い求めるようになった。これによって、供養の対象は、位牌堂の位牌と、家の仏壇の2箇所になった。

そして、土葬に代わって火葬が普及していくと、墓を買い求めて石塔を建てるようになった。そこから墓参りの習慣が生まれ、供養の対象は全部で3箇所になってしまった。そういうことなのではないだろうか。

供養の対象が増えていく順番は、今述べたのとは違っているかもしれない。仏壇はもっと早くから普及していた可能性もある。

だが、雪で墓参りに行けなくなるから、位牌堂に位牌を祀るようになったわけではないことはたしかだろう。位牌堂は、雪がほとんど降らない、あるいは降っても青森ほどではない地域にも建っている。参るための墓よりも、位牌堂が先にあったことは間違いない。

火葬率100％達成と墓石格差

第４章まででもさまざまな形でふれてきたが、火葬が広がったことの影響は意外なほど大きいのだ。土葬文化が火葬文化に変わるということは、実は革命的な変化なのである。

しかも、日本では火葬率が限りなく１００％に近づいた。他の国では、火葬が広まるにしても、かなり時間がかかるものだが、日本ではそれが一気に進んだ。

火葬が広まる以前の葬送の文化は土葬を前提としたもので、埋葬することが中心だった。

火葬になると、埋葬は納骨に代わる。納骨は、亡くなって、葬式をしてからかなり時間が経ってから行われる。一般的なのは、四十九日の際にである。

そして、残った遺骨を墓に納めることがどうしても必要とされるようになった。遺骨を捨ててしまえば、それは犯罪になる可能性がある。

火葬が広がり、墓が必要になった時期が、日本が戦後豊かになっていた時代と重なったことの影響は大きい。立派な墓を建てるための経済的な余裕が生まれていたからである。一方では、石材が中国などから輸入され、それまでより安く手に入るようになったことも大きく影響した。村の墓地を見てみると、実に立派な墓石が建ち並んでいるところが少なくない。当然そこには「墓石格差」もある。格の高い家、豊かな家が豪華な墓石を建てるのだ。

もしも位牌堂がなかったとしたら、墓が寺の境内にない場合には、檀家を引き留めておく手立てがまったくなくなってしまう。遺骨という人質がないのだから、墓を移す改葬の必要もない。そうであれば、寺の側が離檀料を請求することもできない。たとえ、要求に応じなくても、まったく影響がないからである。

位牌堂は、もともとは、檀家に供養の場を与えるために造られたものであろう。仏壇が買えない家によっては、それはありがたいものだったはずだ。

しかし、現在では、墓という供養の対象がもう一つ増えたことで、位牌堂は余計なもの、必ずしも必要のないものになってしまった。なぜ3箇所で先祖を祀らなければならないのか。その理由を明確に説明することは難しくなったのだ。

檀家はお寺のスポンサーであり、檀家がいなくなることは、寺の経済の支え手がいなくなることを意味する。

だが、寺檀関係を結ぶということに意義を見出すことが難しくなっていることも事実だ。都会でも、墓を求めるときに、寺院墓地を選択し、新たに寺檀関係を結ぼうとする人はそれほど多くはない。

寺檀関係は、急速に意味を失ってきている。代々受け継いできたものだからとは言っても、そこに意義を見出せなければ、離檀を希望する家はどうしても増えてしまうのである。

第6章　宗派格差

——仏教式葬式の成り立ちと宗派ごとの違い

7割以上が無宗教を自任するのに親の葬式になった途端、家の宗派を考える

仏教には宗派がある。

宗派を気にするのは、葬式を出すときだ。

「いったい我が家の宗旨《しゅうし》は何なのだろうか」

特定の菩提寺がなく、葬祭業者を通して葬式に僧侶を呼んでもらおうというとき、このことがどうしても頭に浮かんでくる。依頼した葬祭業者からも、「お宅の御宗旨はいかがなものでしょうか」と必ず尋ねられる。この質問には答えないわけにはいかない。

僧侶は必ずどこかの宗派に属しているので、宗派が分からなければ、僧侶を呼ぶことができないのだ。

若いときに地方から都会に出てきて、はじめて葬式を出すというとき、それまで考えてみもしなかった自分の家の宗派のことを考えざるを得なくなる。実家があれば、電話をかけて、あるいは今だとメールで「うちはどの宗派だっけ」と聞くことになる。実家の方では必ず宗派を知っている。

葬式を出すことで宗派と出会う。そう言っても過言ではない。日本人は、自分たちは無宗教であると考えている。それが一般的な常識である。

これは必ずしも正しくない。

たしかに、世論調査の結果は無宗教の日本人が多いことを示している。2008年5月に読売新聞社が行った宗教観についての調査では、宗教を信じていない人間は71・9％に及ぶという結果が出た。7割以上が無宗教だと思っているのだ。それに対して、信じている人間はわずか26・1％という結果が出た。信仰を持っている人間は3割にも満たないのだ。

ところが、NHK放送文化研究所が行った同じ年の調査では、宗教を信仰している人の割合は39％で、信仰していない人は49％という結果が出た。

世論調査は、やり方によってかなり違った結果が出る。それは、新聞各社が行っている内閣支持率を考えてみれば分かる。

その点は置くとして、注目されるのは、NHK放送文化研究所の調査では、信仰を持っているかどうかを年齢別に聞いていることだ。

女性の場合には、16歳から29歳までの年齢層では20％とかなり低い。それが、30歳から39歳では28％に上昇する。それ以降も年齢層が上がるにつれて信仰している人の割合は増え、60歳以上では56％に達するという結果が出た。信仰を持っている人間のほうが多くなるのだ。

面白いのは男性のほうだ。

16歳から29歳まではもちろん、40歳から49歳までになっても20％を切っている。女性とは大きな開きがある。ところが、50歳から59歳になると急に上昇して41％となり、60歳以上では56％と女性と並んでしまうのだ（『放送研究と調査』２００９年5月）。

この調査では、なぜそうなるのか、理由は明らかにされていない。だが、推測するに、そこには2つの理由があるように思える。

一つは、男性が50代になると、60歳、あるいは65歳の定年を考えるようになることが挙げられる。それまでは仕事がすべてだったが、その先は自分の個人としての人生の行く末を考えなければならなくなる。そのとき、宗教的なものへの関心が高まるのだ。実際、50代になって急にお寺参りをはじめたり、仏像に関心を持ったり、宗教書を読むようになったという男性は少なくない。

もう一つは、親の葬式を出す経験をする人間が増えるということが挙げられる。あるいは、親がかなりの高齢になり、それほど遠くない将来に、そういう場面に遭遇することを考えざるを得なくなるのだ。親族や他人の葬式に参列したことで、そう考えるようになる人もいるだろう。

宗派のなかでは浄土宗・浄土真宗系が圧倒的に多数

最初に述べたように、葬式を出すというときには、自分の家の宗旨を考える。実家に連絡して、それが分かると、自分の家は○○宗なのだと自覚が生まれる。それで、自分はその宗派の信者なのだと考えるようになるかどうかは分からないが、少なくとも、自分の家の宗旨を知れば、その宗派がどういうものかを知りたくなってくる。

しかし、そうしたときでも、ではなぜ宗派というものがあるのか、そのことまでは考えてみようとしない。

日本人が信仰を持っているという場合、一番多いのは仏教だ。ＮＨＫ放送文化研究所の調査でも、仏教が34％、神道が３％、キリスト教とその他の宗教が１％となっていた。

日本人全体で仏教徒としての自覚を持つ人間はおよそ３分の１になるのだが、そのなかにはただの仏教徒というものは存在しない。誰もが自分は特定の宗派に属していると考えている。

これも、ＮＨＫ放送文化研究所が１９９６年に行った調査だが、「全国県民意識調査」というものがある。これは「秘密のケンミンＳＨＯＷ」にもかかわってくる調査だが、そのなかで、宗教についても聞いている。その際に、信仰があるという人に対してはどの宗教を信仰しているかも聞いている。

この調査は調査対象者が全国で４万２３００人に及ぶ大規模なもので、その分信頼に値するが、そこでこの点を聞いてくれているのは研究者にはとてもありがたい。他に、こうした調査がないからだ。

対象とする宗教については、次の９つに分けている。天台宗・真言宗系、浄土宗・浄土真宗系、禅宗（臨済宗・曹洞宗）系、日蓮宗系、創価学会、立正佼成会、仏教のその他の宗派、神道または神道系、キリスト教またはキリスト教系である。

できれば、2つの宗派を一緒にしてほしくはなかったが、天台宗・真言宗系では真言宗が大半だろう。浄土宗・浄土真宗系では浄土真宗が、禅宗系では曹洞宗がやはり大半を占めているはずだ。

全国の結果は、天台宗・真言宗系が4・0％、浄土宗・浄土真宗系が12・9％、禅宗（臨済宗・曹洞宗）系が4・1％、日蓮宗系が2・6％、創価学会が3・0％、立正佼成会が0・5％、仏教のその他の宗派が1・4％、神道または神道系が1・2％、キリスト教またはキリスト教系が1・5％だった。

浄土宗・浄土真宗系だけが唯一10％を超えているが、真宗地帯と呼ばれる北陸3県、富山が41・3％、石川が36・2％、福井が41・4％にも達しているから、やはり大半を浄土真宗の信者と考えていいだろう。「安芸門徒《あきもんと》」と呼ばれる広島でも35・3％である。他に、九州には20％を超える県がかなりある。

他の宗派や宗教で、都道府県によって偏りが大きいのは天台宗・真言宗系で、真言宗の総本山、高野山の金剛峯寺がある和歌山では9・6％、岡山では16・6％、徳島で19・8％、香川で14・0％である。四国には八十八箇所をめぐるお遍路があり、これは弘法大師と結びついているので、真言宗の信者が多いのだろう。

禅宗系だと、岩手が12・8％で、東北は10％近い県がいくつかある。日蓮宗系では、総本山の身延山《みのぶさん》久遠寺がある山梨が8・9％と高い。

仏教ではないが、キリスト教またはキリスト教系では、長崎が5・1％ともっとも高くなっている。

仏教といっても宗派を開いた宗祖の考えを学ぶことが多い

このなかには、仏教のその他の宗派というカテゴリーもある。そのなかには、時宗、融通念仏宗《ゆうずうねんぶつしゅう》、和宗《わしゅう》（四天王寺）、聖徳宗《しょうとくしゅう》（法隆寺など）、北法相宗《きたほっそうしゅう》（清水寺《きよみずでら》）なども含まれるだろうが、どの宗派も信者の数は少ない。多くは、創価学会と立正佼成会を除いた仏教系の新宗教の信者ということだろう。

注目しなければならないのは、このカテゴリーが「仏教のその他の宗派」であって、「その他の仏教」ではないことだ。あくまで宗派が基盤になっており、どの宗派にも属していない、あるいは仏教系の新宗教の教団に所属していない仏教徒というあり方は想定されていないのだ。

それぞれの宗派で信仰の対象になるのは、本尊とされる仏だが、実際には、宗派を開いた宗祖が信仰されている。天台宗なら最澄《さいちょう》、真言宗なら空海《くうかい》、曹洞宗なら道元《どうげん》で、浄土宗では法然《ほうねん》、浄土真宗では親鸞《しんらん》、日蓮宗では日蓮《にちれん》、そして時宗では一遍《いっぺん》である。臨済宗は、さらにさまざまな派に分かれているので、宗祖を一人には決めがたいが、栄西《えいさい》の名前が挙げられることが多い。

ただし、宗派によって、宗祖に対する信仰の強さは変わってくる。とくにその傾向が強いのが浄土真宗と日蓮宗の場合である。

それがはっきりと分かるのは、真宗大谷派の総本山、東本願寺の場合である。境内には、本尊である阿弥陀仏を祀る阿弥陀堂と、親鸞の姿をかたどった真影《しんえい》が祀られる御影《みえい》堂《どう》とがあるが、ホームページでも写真が大きいのは御影堂のほうで、建物の大きさも、御影堂が阿弥陀堂を上回っている。

日蓮宗でも、日蓮を祀る祖師堂《そしどう》のあるお寺が多く、祖師堂がお寺の中心に位置づけられている。それ以外で真言宗では宗祖空海は、弘法大師として、その存在自体が信仰の対象になっている。

それぞれの宗派に属する信者が学ぶのは、基本的に宗祖の教えである。禅宗の場合には、坐禅や公案などの実践が重視され、道元などの教えを学ぶという形にはなっていないが、曹洞宗の中心的な道場、永平寺における雲水の行動規範を定めた「永平清規」を編纂したのは道元である。

各宗派では、もっぱら宗祖の教えを学ぶ。それが、一般化しているが、それは不可思議なあり方だとも言える。

仏教の開祖・釈迦を信仰することはほとんどない日本仏教

なぜなら、仏教の開祖は釈迦だからである。釈迦の教えは、その死後に作られた各種の仏典に記されている。

もちろん、それぞれの宗派には所与《しょよ》の経典がある。たとえば、浄土宗や浄土真宗では、「浄土三部経」がそれにあたる。浄土三部経は、『無量寿経《むりょうじゅきょう》』『観無量寿経《かんむりょうじゅきょう》』『阿弥陀経』からなっている。

仏教の経典は、基本的に「如是我聞《にょぜがもん》」ということばからはじまる。これは、「私はこのように釈迦の説法を聞いた」という意味である。つまり、仏典は釈迦の説法の記録という体裁をとっているのである。

その点では、浄土宗でも浄土真宗でも、釈迦の教えに従っていると言えるが、重視されるのは、そうした経典を、宗祖である法然や親鸞がどう解釈したかである。法然には『選択本願念仏集《せんちゃくほんがんねんぶつしゅう》』、親鸞には『教行信証《きょうぎょうしんしょう》（顕浄土真実教行証文類《けんじょうどしんじつきょうぎょうしょうもんるい》）』という著作があり、浄土宗や浄土真宗の教えはそれを基に組み立てられている。

さらに、法然については『法然上人行状絵図《ほうねんしょうにんぎょうじょうえず》』、親鸞については『本願寺聖人伝絵《ほんがんじしょうにんでんね》』といった絵巻物があり、そこにこの二人の宗祖の生涯が描き出されている。『選択本願念仏集』や『教行信証』を読み込むには、それ相当の教養や学問的な研鑽を必要とするが、絵巻物は絵解きされ、文字が読めない一般の民衆にも理解できるものになっている。信者は、それを通して宗祖の生涯にふれ、そこから宗祖を信仰するようになるのである。

その一方で、浄土宗や浄土真宗の信者が、信仰活動を続けるなかで、開祖である釈迦について知ったり、その教えを学んだりする機会はほとんどない。それは、他の宗派でも同様である。

ためしに各宗派のホームページを開いてみればいいが、釈迦の生涯についてふれているのは、曹洞宗と日蓮宗くらいである。日蓮宗では、他の宗派に比べれば、釈迦の存在は重い。所与の経典となる『法華経《ほけきょう》』が、釈迦の生涯においていつの時期に書かれたのかが重要視され、また、釈迦を永遠の仏、「久遠実成《くおんじつじょう》」としてとらえているからだ。

釈迦は、究極の悟りを開いた存在であり、それによって仏になったとされている。仏にはさまざまな種類があり、それが、各宗派で信仰されている。その点では、各宗派は釈迦を信仰の対象にしていると言うこともできる。だが、教えということでは、重要なのはあくまで宗祖の教えのほうなのである。日蓮宗でも、結局は日蓮であり、なかには日蓮を仏そのものとして信仰する「日蓮本仏論」を唱えるような派もある。

仏教においては、インドの時代から宗派が存在した。釈迦が亡くなってから、その教えをどのように解釈するかでいくつかの宗派に分かれていき、それ全体をさして「部派《ぶは》仏教《ぶっきょう》」と呼ばれた。さらにその後には、部派仏教とは異なるものとして「大乗仏教《だいじょうぶっきょう》」が生まれる。

ただし、それぞれの部派をはじめた人物が信仰の対象になることはなかったし、大乗仏教では、大乗仏典という経典が核になっていて、宗祖が信仰の対象となったわけではない。したがって、日本の宗派とは性格が違う。

中国では、インドから仏教が伝えられてからしばらく時間が経つと、いくつもの宗派が生み出されていく。ただし、そうした宗派は、学派としての性格が強く、日本の宗派のように、それぞれが独立した教団を組織する形にはならなかった。

宗派の誕生は鎌倉時代だが、独立色を強めたのは江戸時代の寺請制度から

日本でも、奈良時代に成立した、いわゆる「南都六宗《なんとろくしゆう》」の場合には、中国と同様に、それぞれの宗派は学派としての性格が強かった。それを端的にあらわしているのが、「六宗兼学《ろくしゆうけんがく》」が実践されていたことである。一つの宗派の教えだけを学ぶのではなく、すべての宗派の教えを学ぶというのが六宗兼学である。

この伝統は、平安時代にも受け継がれた。この時代に天台宗と真言宗という二つの新しい宗派が誕生したことで、今度は「八宗兼学」が実践された。たとえ、次の章で詳し

く述べる比叡山に設けられるようになった大乗戒壇《だいじょうかいだん》で出家得度《しゅっけとくど》しても、天台宗の教えだけを学ぶのではなく、他の宗派の教えも学ぶというのが原則だった。それは、高野山の場合にも同じで、高野山でも真言宗の核心にある密教《みっきょう》だけを学ぶわけではなかった。

宗派が独立した教団としての性格を持つようになるのは、「鎌倉仏教」と呼ばれる新しい宗派が生まれてからである。といっても、鎌倉時代から宗派が明確な形をとっていたわけではなく、室町時代以降にしだいにその傾向が強くなっていったのだ。

たとえば、現在では仏教宗派として最大の規模を誇る浄土真宗の場合、その中心にある本願寺は、当初、天台宗の門跡《もんぜき》寺院、京都の青蓮院《しょうれんいん》の末寺《まつじ》にすぎなかった。それではとても大教団を形成することにはならない。

浄土真宗が宗派として大きく広がるのは、中興《ちゅうこう》の祖《そ》とされる蓮如《れんにょ》が現れてからである。蓮如は、男女合わせて27人の子どもをもうけるが、彼らはお寺の開基となったり、浄土真宗のお寺に嫁いだりすることで、浄土真宗の宗派としてのネットワークを拡大することに貢献した。

その後江戸時代に入ると、幕府は寺請制度を設けるとともに、寺院法度《じいんはっと》を公布するなどして、仏教界に規制をかけた。それによって、本山と末寺との関係を明確にすることが求められ、宗派としての意識が強まった。そこに、寺請制度による寺檀関係の確立がかかわり、どの家も特定の宗派に属しているという体制が出来上がった。これによって、今日の「宗派仏教」が確立されたのである。

宗派仏教であることは、葬式にも影響を与えている。宗派によって葬式の形式が違うのだ。

南都六宗の場合には、葬式は行わない。お寺の僧侶が亡くなったときでも、そのお寺では葬式は行わず、僧侶が出家する前のもともとの家などで行われる。南都六宗のお寺には墓はないし、檀家もいない。南都六宗は、葬式仏教ではなかったのである。

それが、平安時代に生まれた天台宗や真言宗では、葬式を営んでいる。お寺には檀家があって、その葬式はお寺の住職の手によって営まれる。

ただ、天台宗や真言宗が当初の段階から葬式を営んでいたわけではない。現在の形式は、その後に導入されたもので、必ずしも天台宗や真言宗の教えにもとづいているわけではないのである。

葬式をはじめた禅宗の曹洞宗の儀礼は、中国の『禅苑清規』にもとづく

最初に葬式を営むようになった宗派は禅宗、とくに曹洞宗である。

曹洞宗は、道元を宗祖とし、もっぱら坐禅を中心とした禅の修行を実践することをめざしていた。だが、禅寺を永続的に運営していくためには、確固とした経済基盤を必要とする。それがなければ、雲水たちに修行を続けさせることができないのだ。

石田瑞麿《みずまろ》の『日本仏教史』（岩波全書）では、南北朝・室町時代に曹洞宗が「異常な発展を遂げた」ことを指摘している。それは、地方豪族の庇護《ひご》下にあるお寺が各地で勢力を拡大していったからである。

石田はそれによって禅風の変容が起こったとし、具体的には「密教を取り入れて祈禱《きとう》を行い、日中三時の諷経《ふぎん》を規定してこれを檀信徒に一般化し、故人の回向、治病・招福等にも手を染めた」と述べている。諷経とは、声を揃えて経文を読むことである。

さらに石田は、曹洞宗は「葬祭にも関与し、血脈伝授《けちみやくでんじゆ》という方法さえも用いた。この血脈伝授には菩薩戒《ぼさつかい》の授受が当然行われるから、ここに授戒会を生み出しているが、こ

の授戒会に与ろうとして階層や村落の枠を超えて多数の人々が集まった」ことを指摘している。

ここで言う血脈とは、釈迦からはじまって中国における禅宗の開祖、達磨大師《だるまだいし》、道元禅師などを通して、故人に信仰が伝わったことを示した紙で、葬式のときには、棺に入れられる。

曹洞宗における葬式のやり方を生むにあたって、その土台となったのは、『禅苑清規《ぜんえんしんぎ》』であった。これは、禅寺における実践のあり方を細かく規定した清規のなかでももっとも古いもので、中国において、1103（崇寧《すうねい》2）年に成立したものである。

『禅苑清規』には、禅宗の僧侶に対する葬式のやり方が記されており、それは、「尊宿《そんしゅく》喪儀法」と「亡僧《ぼうそう》喪儀法」の2つに分かれる。尊宿とは禅寺の住職のことをさし、亡僧とは住職になっていない、いまだ修行中の雲水のことをさす。

尊宿喪儀法の場合には、入龕《にゅうがん》、挙龕《こがん》、下火（下龕《かがん》）、掛真《けしん》の4つの部分からなっている。入龕は棺（これが龕）に遺体を入れることで、挙龕は火葬なり土葬にするために棺を持ち上げること、下火は火葬のために火を入れること、下龕は土葬のときに棺を埋めること、そして掛真は火葬や土葬の後に亡き住職の肖像画を寝堂《しんどう》に掛けることをさす。

これは、儒教の儀式について記した『儀礼《ぎらい》』や『開元礼《かいげんれい》』を元にしたものである。ただこれは禅宗の儀礼であって、儒教の儀礼ではないので、それぞれの場面で、仏法の道理について述べた法語を読むことになる。前の章で、位牌が儒教の影響を受けていることについてふれたが、葬式自体が儒教を元にしているのだ。

一方、亡僧の場合には、まだ一人前の僧侶にはなっていない段階で亡くなってしまったため、正式な僧侶にするために剃頭《ていとう》（剃髪《ていはつ》）の部分が含まれる。そして、四分律《しぶんりつ》や梵網戒《ぼんもうかい》といった戒律を読み上げることも行われる。「誦戒《ずかい》」と呼ばれる部分である。

悟りを開いた禅僧なら、亡くなっても、そのまま埋葬すればいいが、修行途中の雲水は、悟りを開いていないわけで、いったん正式な僧侶にしなければ、西方極楽浄土に往生させることができないというわけである。

こうして曹洞宗の葬式が、今日の仏教式葬式の原型となった

修行途中の雲水の立場は、一般の在家信者のあり方に近い。そこで、亡僧喪儀法が、

在家信者の葬式の作法として応用されることとなった。それによって、仏教式の葬儀の形式が生み出されたのである（成河峰雄《なりかわみねお》「禅宗の喪葬儀礼」愛知学院大学禅研究所紀要24）。

曹洞宗の葬式は、儒教の影響を受けつつ生み出されたものである。前の章でも述べたように、日本で禅宗が盛んになる時代に、中国では新しい儒教の流れが生まれ、それが影響した結果である。

実は、曹洞宗の葬式は、原型となるものだけに、相当に複雑なものになっている。現在行われているやり方を示せば、次のようになる。

まず、亡くなると枕経として「臨終諷経」を行う。通夜では、『仏遺教経《ぶつゆいきょうぎょう》』を唱える。中心となる葬儀では、僧侶にするための「剃髪」からはじまって、水をふりそそいで清める「洒水《しゃすい》」を行い、「授戒《じゅかい》」「懺悔《さんげ》」「三帰戒《さんきかい》」「三聚浄戒《さんじゅじょうかい》」「十重禁戒《じゅうじゅうごんかい》」と進み、仏弟子の証となる「血脈授与」となる。

その後、『大悲心陀羅尼《だいひしんだらに》』を唱える「入棺《にゅうかん》諷経」、十仏名《じゅうぶつみょう》、舎利礼文《しゃりらいもん》を読経する「龕前《がんぜん》念誦《ねんじゅ》」、太鼓を鳴らしながら『大宝楼閣陀羅尼《たいほうろうかくだらに》』を唱える「挙龕念誦」を行い、生前の故人を漢詩で讃える「引導法語《いんどうほうご》」、故人に涅槃《ねはん》に入って他の衆生《しゅじょう》の仏性の覚醒を助けてくれるよう祈願する「山頭念誦《さんとうねんじゅ》」へと進む。

ここまでが葬儀の部分である。後は僧侶がかかわらない告別式となり、出棺から火葬となっていく。

これだけ見ても分かるように、曹洞宗の葬式のやり方は相当に面倒なもので、時間もかかる。通夜は15分から20分ほどで終わるが、葬儀には1時間15分かかる。しかも、僧侶は最低でも3人必要である。したがって今日では、相当に簡略化が進んでいるようだが、それに警鐘《けいしょう》を鳴らす曹洞宗の僧侶もいる（その点については、私が監修した中央公論新社のムック『ほんとうの仏教入門』にある古川美穂「ほんものの葬式とは何か」を参照していただきたい）。

これが、仏教式の葬式の原型となるもので、曹洞宗がそれを生む役割を果たした。今日の葬式仏教の元を作り上げたのは曹洞宗なのである。

曹洞宗が禅宗であり、禅の修行を中心としているため、葬式との結びつきをイメージしにくい。しかし、曹洞宗は、同じ禅宗でも臨済宗とは異なり、大教団に発展した。一時は、単独の宗派として、曹洞宗がもっとも多くの信者を抱えているとされていた（浄土真宗のほうは東西に分かれるからである）。それも、葬式仏教を開拓した宗派であるからに外ならない。

他の宗派の葬式のやり方を見ていったとき、内容や唱えられる経文、用語などに違いはある。だが中心となる部分は、この曹洞宗のやり方と共通している。剃髪、授戒、そして戒名の授与が核になっているのである。

それを核とした葬式を営んでいる宗派は、同じ禅宗の臨済宗からはじまって、天台宗、真言宗、そして浄土宗である。こうした宗派は、いつの時代からか、曹洞宗が生み出した葬式のやり方を学び、それを自分たちの宗派に取り入れていったのだ。

曹洞宗式の葬式を取り入れた浄土宗と、取り入れなかった浄土真宗

その一方で、これとは違う葬式のやり方をする宗派がある。重要なのは、そうした宗派では、葬式のなかに剃髪、授戒、戒名授与を含まないことである。その宗派とは浄土真宗と日蓮宗、そして時宗である。

たとえば、浄土真宗本願寺派、西本願寺の葬儀における式次第は、次のようになる。念仏を唱える「出棺勤行《しゅつかんごんぎょう》」、阿弥陀仏などを招く「三奉請《さんぶじょう》」の後、正信念仏偈《しょうしんねんぶつげ》を唱え、念仏し、和讃《わさん》を読むと「焼香」となり、火葬の前に偈文《げもん》を読んで念仏を唱える「火屋勤行《ひやごんぎょう》」と進み、後は「拾骨」、自宅で行う「還骨勤行《かんこつごんぎょう》」となる。

曹洞宗のやり方に比べてはるかに簡単で、それは日蓮宗の場合にも同じである。それも、故人を僧侶にする部分、剃髪、授戒、戒名授与が含まれていないからである。ここに、葬式をめぐる「宗派格差」が存在する。

参列者は、基本的に焼香するだけなので、葬儀がどのように進行されていくか分からない。読経も、焼香のためのBGMくらいにしか考えられていないのかもしれない。だが、曹洞宗に発する葬儀と、それとは異なる浄土真宗、日蓮宗の葬儀とは、かなりやり方が違うのである。

浄土真宗の宗祖である親鸞は、法然の弟子という立場を生涯にわたってとった。その言行録である『歎異抄《たんにしょう》』には、「たとい法然聖人にすかされまいらせて、念仏して地獄に堕ちたりとも、さらに後悔すべからず候」ということばが出てくる。ここには、法然に騙されて地獄に落とされても後悔しないという親鸞の覚悟が示されている。

それだけ、浄土真宗と浄土宗とは密接な関係があるはずなのだが、浄土宗が曹洞宗式の葬式のやり方を取り入れたにもかかわらず、浄土真宗はそれを取り入れなかった。もちろんそれは、親鸞の時代のことではないからだが、そこには、2つの宗派の根本的な方向性の違いが示されている。

そして、これは非常に興味深いところだが、浄土真宗には、曹洞宗式を取り入れることができない根本的な事情が存在する。それについては、章を改めて述べていくことにする。

第7章　本物の坊さんとは
——戒律と僧侶の資格

ロボット導師も登場する今、葬式にやってきた僧侶は果たして本物か

さまざまな分野にロボットが進出している。それは私たちの暮らしを支える上で不可欠な存在になっているが、ついには、「ロボット導師」なるものまで出現した。

これは、ソフトバンクの家庭用ロボット、Ｐｅｐｐｅｒが袈裟《けさ》をまとって僧侶の姿をし、読経してくれるというものである。このロボット導師、木魚を叩きながらお経を読むだけではなく、説教もしてくれるらしい。

ロボット導師を開発したのは、プラスチックの成型などを行っているニッセイエコという会社である。ロボット導師は、２０１７年8月23日から25日まで東京ビッグサイトで開かれた「エンディング産業展　２０１７」に登場した。これは終活産業の展示会である。Ｐｅｐｐｅｒは、もともと髪は生えておらず、坊主なので、その点でかなりさまになっている。

葬儀をはじめ、法事法要、戒名授与の場面で、依頼する側の宗旨に従って、それぞれの宗派にふさわしいお経を読んでくれるらしい。ただ、人間の住職も付き添っていて、

Ｐｅｐｐｅｒは副住職と位置づけられている。ただ、住職というのは特定のお寺に住み込んでいる僧侶のことをさすから、お寺を持たないロボット導師は、正確には副住職ではない。そういう僧侶は、普通は脇導師《わきどうし》と呼ばれる。

　ロボット導師の貸し出し料金は、１泊２日で５万円程度とのことで、他に布施は要らないというから、人間の僧侶を葬儀や法要に呼ぶよりも安いかもしれない。

　ロボット導師ということになると、録音したお経をそのまま流しているだけだと思われがちだが、ＹｏｕＴｕｂｅには「般若心経」を読む訓練をしているＰｅｐｐｅｒの動画もアップされており、それなりの訓練を受けているようだ。

　人間がお経を読むには訓練が必要で、それこそが僧侶としての修行である。Ｐｅｐｐｅｒも導師として振る舞えるよう、それなりの修行を経ていることになる。

　ロボット導師を葬式に呼ぶなどということはとても考えられない。そう考える人は多いだろう。

　だが、一方では、Ｐｅｐｐｅｒは愛くるしいところもあるので、故人を失った悲しみから癒されると思う人もいるだろう。Ｐｅｐｐｅｒは対話ができるので、それを通して遺族は慰められることになるかもしれない。

ロボット導師はあくまでロボットであって、人間ではない。そうである以上、正式な僧侶にはなり得ない。当然、そういうことになる。

だが、ひるがえって人間の僧侶について考えてみた場合、葬式にやってくる僧侶が本物かどうか、実は怪しい部分がある。

それも、正式な僧侶と偽物の僧侶をどこで区別するのか、その基準がそもそも曖昧だからである。

そもそも宗教法人の教師資格は公的なものではない

現在は、どこの宗教団体も宗教法人の形をとっているわけだが、宗教法人には、「教師」と呼ばれる人たちがいて、それは、一般の信者とは区別されている。教師というのは、仏教なら僧侶、神道なら神主、キリスト教なら神父や牧師ということになる。イスラム教ではイマームである。こうした人たちは、「聖職者」と呼ばれることが多い。

その一方で、在家信者によって構成されている新宗教には、聖職者はいない。ただ、布教師などが教師と見なされている。教えを伝えるわけだから、まさに教師である。教師の資格を与えるのは、それぞれの宗派であり教団である。誰が教師になり得るのか、その基準を作るのも宗派や教団である。

当然のことだが、宗教法人の教師資格は、あくまで民間のもので、公的な性格を持つものではない。医師や看護師、弁護士、一般の学校の先生などとは異なり、国家資格ではない。その点に、僧侶の資格が曖昧なものにならざるを得ない根本的な原因がある。

現代の日本社会で僧侶になろうというときには、通常、それぞれの宗派が運営している大学に入学し、そこで学ぶ。宗派に関係する科目をどれだけ取得しているかが重要で、さらに宗派によっては、本山などでの修行を課しているところもある。基本的に、浄土真宗では修行は行われないが、他の宗派にはそれがある。

大学に進まなくても、宗派が運営する、「学林」や「学寮」などと呼ばれる学校で学ぶことで資格を得ることもできる。試験によってそれが可能なところもある。

仏教系の大学でもっとも古いものは、1922（大正11）年に誕生した龍谷《りゅうこく》大学（浄土真宗本願寺派）と大谷大学（真宗大谷派）で、それ以降、各宗派が大学を設置していった。

宗派の大学がない時代には、学林や学寮がそれを担ったが、お寺に入り、そのお寺の住職を師匠として学ぶというやり方もあった。そちらのほうがむしろ一般的だった。現在でも、そうしたやり方をとって僧侶になる人間もいる。時宗などは、宗派としての規模が小さいため、大学はなく、学林があるだけである。

現在の日本の僧侶は、各宗派が認めた人物であるということになる。

公的なものではなく、私的な資格であるため、新しく宗教を興し、それなりに宗教活動を続けて、宗教法人として認証されたとき、その団体が、自前で僧侶を養成することも可能である。あるいは、大僧正《だいそうじょう》や大阿闍梨《だいあじやり》など、いかにも立派そうな呼び名を与えることもできる。宗教法人の活動内容については自由なので、どこからも規制されない。

こうしたことが本物の僧侶と偽物の僧侶との区別を難しくしている面があるが、なかには、「本物の偽坊主」もいる。葬式に僧侶を派遣する会社が、どこの宗派からも僧侶として認められていない人間を雇い、簡単な訓練を施して、葬式の導師をやらせるような例があったとされている。

あるいは、そうした会社は、どの宗派の葬式にも対応できることをうたい文句にしていて、一応ある宗派の僧侶として認められている人間に、他の宗派の葬式の導師をやらせたりしているという。これも、本物の偽坊主に限りなく近い。

だが、葬式以上に偽物の宗教家が跋扈《ばっこ》している世界がブライダル産業、つまりは結婚式である。

多くの日本人は結婚式の牧師が偽者でもかまわない

現在では、結婚式というと、キリスト教式が一番人気で、全体の半分以上を占める。それに次ぐのが神道式と、宗教家がかかわらない人前式である。

神道式の結婚式は、神社で行われるか、結婚式場に用意された会場で行われ、後者の場合には、そこに祭壇がしつらえられている。神社ではもちろん、結婚式場でも、神職の資格を持つ正式な神主が儀式を司る。正式なというのは、神社界の元締めである神社本庁が認めたということである。神社本庁も、役所のように思えるが、あくまで民間の一宗教法人である。

神主は、祝詞《のりと》を自ら書いて、それを読み上げなければならないし、きっちりとした作法もわきまえている必要があるので、「偽神主」が現れる可能性は少ない。

ところが、キリスト教式の結婚式になると、教会でやる場合を除くと、かなり怪しい。とくに、最近では、ヨーロッパにある有名な教会をかたどったような専用の結婚式場が少なくないが、これは、結婚式場であって、教会ではない。

カトリックの神父が、そんな教会でもない場所に赴いて、結婚式を司《つかさど》ることはあり得ない。

プロテスタントの牧師が、そうした結婚式場と契約し、結婚式を司ることはないとは言えない。実際、正式な牧師だけを派遣しているキリスト教ブライダル宣教団という会社もある。

だが、教会風の結婚式場の多くで営まれる結婚式を司るのは、牧師の資格を持たない、アルバイトである。それは外国人が多いが、およそその9割が「偽牧師」だという報道もあった。

現在、年間の婚姻件数は60万件ほどで、そのうち結婚式を挙げるのは半分ほどだとされる。つまり30万件ということになるが、そのうち半分がキリスト教式を選ぶとすれば、15万件である。

ところが、外国人の牧師は１５００人ほどしか日本にはいない。その人たちが15万件の結婚式を司るとすれば、年間１００件にもなる。

私の大学の教え子が、結婚式場でアルバイトをしていて、その話を聞いたことがあるが、偽牧師のなかに、元牧師という人物がいたという。牧師を辞めてからアルバイトで牧師役をやっているわけである。

結婚式場のほうが、式を司る人物を牧師として紹介しているかどうかは分からないが、あまりその点にはふれないだろう。

このことは、ネット上でも話題になっているが、多くの人は、たとえ偽牧師に結婚式を挙げてもらったからといって、さほどそれを気にはしない。

もし本物の神父や牧師に結婚式を挙げてもらおうとすれば、基本的な対象は信者だから、キリスト教徒でなければならない。信者でないカップルがそれを希望する場合には、式を挙げる前に、キリスト教について学ばなければならなかったりする。とくにカトリックでは、それが必須になっている。

別にキリスト教信者ではなく、結婚を機にキリスト教に改宗しようとはしていない一般の日本人にとって、それは面倒なことであり、必要とも感じられないだろう。

重要なのは形式であって中身ではない。

偽牧師が蔓延《まんえん》する背景には、日本人が無意識のうちに、キリスト教式の結婚式が本物でないことを求める気持ちが働いているのではないだろうか。そもそも、キリスト教徒でない人間が、結婚式だけキリスト教を選ぶというのはおかしなことである。

結婚式は、一度の結婚について一回限りのことで、葬式後の年忌法要のようなものはない。キリスト教式で結婚式を挙げたことが、後になって何らかの形で新郎新婦の生活に影響するわけではない。それも偽牧師でかまわないという気持ちを生むことにつながっている。ところが、葬式ではそうはいかない。もし、葬式にやってくる僧侶の9割が偽坊主だということになれば、大騒ぎになるはずだ。

正式な僧侶の資格と「戒律」

すでに述べたように、現在の日本の正式な僧侶は、各宗派によって認められているということになる。

しかし、こうしたやり方は現代になって確立されたもので、歴史を遡れば僧侶のなり方は今とは違った。重要なのは、それが現代にまで影響を及ぼしていることである。

仏教がインドに生まれたとき、釈迦の生涯についての伝説が示しているように、僧侶は、世俗の生活を捨てて出家し、各地を遊行しながら、修行するなり、説教をするなりして活動した。もちろん仕事などせず、托鉢で食を賄ったのである。

それが、釈迦の遺骨である仏舎利を祀る塔が建てられ、やがて塔の周囲に伽藍が形成されて、出家者たちが集団で生活するようになると、そこに「僧伽（サンガ）」と呼ばれる教団が形成され、その教団のメンバーに対しては戒律が課せられるようになる。

戒律は、戒と律とに分かれる。戒がそれぞれの修行者が自発的に守るものであるのに対して、律のほうは教団の規則であり、それを破った者には罰が下される。大乗仏教が誕生してからも、戒律を守る「持戒《じかい》」ということは、悟りに至るための6つの徳目、六《ろく》波羅蜜《はらみつ》の一つに数えられた。

それ以降、僧侶と戒律とは密接な関係を持つこととなる。仏教の歴史をたどる場合、この戒律のことを常に頭に置いておかなければならないのだが、実際にはそうなっていないのが現状である。

中国では仏教が伝えられた最初の段階では、出家者はたんに剃髪するだけで、それで俗人と自分たちを区別していた。それが、しだいに部派仏教の『十誦律《じゆうじゆりつ》』や『四分律』が漢訳されることで、戒律の研究が進んでいく。それまでは、戒律は口伝されていた。

5世紀になると、各地に戒律を授けるための「戒壇」が設けられるようになる。僧侶となる人間は、そこで授戒の儀式に与り、それで正式な僧侶と認められたのである(佐藤達玄《たつげん》「中国仏教における戒律の歩み」『駒沢大学仏教学部論集』第26号)。

日本にも、『四分律』などは、仏教が渡来してすぐの段階で取り入れられたが、それが真剣に研究されることはなかった。そのため、一般の僧侶たちは、戒律についてほとんど何も知らなかった。

そうした状況のなかで、法相宗《ほつそうしゆう》と華厳宗《けごんしゆう》の教えを主に学んでいた元興寺《がんごうじ》の隆尊《りゆうそん》という僧侶は、自分は授戒していない以上、正式な僧侶ではないという自覚を持つに至った。

それは、極めて重要なことである。というのも、これは隆尊だけの問題ではなく、日本の仏教界全体にかかわることだからだ。授戒がないならば、日本には正式な僧侶が一人もいないことになってしまう。

そこで隆尊は、天武《てんむ》天皇の皇子であった舎人親王《とねりしんのう》に対して、中国から授戒ができる正式な戒師《かいし》を招来すべきだと進言した。その提言に従って日本から送られたのが栄叡《ようえい》と普照《ふしょう》で、二人は戒師となりうる人物を探し、ついには鑑真に行き着き、彼を日本に招くことができた。

東大寺大仏殿の前には戒壇が築かれ、鑑真や同時に来日した僧侶たちによって授戒が行われた。上皇や僧尼《そうに》400人が、授戒に与ったとされる。それまでは、ただ律令制下の公文書である「度縁《どえん》」によって僧侶であるとされていたが、これ以降、鑑真をはじめとする十師が連署《れんしょ》した「戒牒《かいちょう》」によって僧侶と認められるようになっていく。翌年には、専門の施設として戒壇院が建てられた。さらに、下野薬師寺《しもつけやくしじ》と筑紫観世音寺《ちくしかんぜおんじ》にも戒壇が設けられた（前掲『日本仏教史』）。

鑑真が来日した理由と、それに対抗した最澄の天台宗

これによって日本でも正式に授戒を受けた僧侶が誕生することとなり、隆尊の抱いた根源的な悩みは解消された。鑑真が、日本へ渡る際に5回も失敗したにもかかわらず、それでもやってきたのは、日本で仏教を広める上で、自分のような戒師の存在が不可欠だと考えたからである。鑑真の来日する以前には、日本には偽坊主しかいなかったのだ。

ところが、やがてようやく確立されたこの体制に異議を申し立てる人物が現れる。それが天台宗を開いた最澄である。

最澄はかなり野心的な人物である。彼は、それまで仏教界の中心にあった奈良の南都六宗に対して強い対抗心を持っていた。それは、最澄が学んだ天台宗の教えは、誰もが救いに与り、成仏できるという「一乗」の立場に立つのに対して、南都六宗のなかでもっとも勢力が強かった法相宗（興福寺《こうふくじ》、薬師寺、法隆寺など）が、修行の方法によって悟りは異なるとする「三乗」の立場をとっていたからである。最澄が、法相宗の高僧であった徳一《とくいつ》と激しい論争をくり広げたことはよく知られている。

最澄は南都六宗から独立することを考えるようになる。そのため、東大寺の戒壇での

授戒に代わって、比叡山で授戒できる「大乗戒壇」の建立を朝廷に願い出る。この願いは、最澄が生きていた時代にはかなえられなかったものの、死の直後に認められた。これによって、比叡山において天台宗の僧侶を独自に生むことができるようになった。

これは、画期的なことである。

大乗戒壇の特徴は、「大乗戒《だいじょうかい》」を授けることにあった。最澄は、誰もが成仏できる以上、多くの戒律を守る必要はないとして、それまでの戒律よりもはるかに軽い「十重四《じゅうじゅうし》十八軽戒《じゅうはちきょうかい》」で十分だとした。これは、出家者に対しても在家と変わらない戒律を課すもので、南都六宗からは到底認められないものだった。

僧侶になるには、授戒に与らなければならない。しかも、正式な戒壇において10人の戒師からそれを受けなければならない。それが、中国仏教で確立され、鑑真が来日することで日本にも伝えられた原則だった。

ここで重要なのは、僧侶になるためには、授戒が必要だということである。正式な授戒を経ていなければ、それは僧侶とは言えない。古代から中世にかけては、授戒していない僧侶は「私度僧《しどそう》」と呼ばれて、正規の僧侶とは区別された。勝手に出家しても、それだけでは僧侶とは認められないのだ。

これが唯一の絶対的な僧侶の基準かどうか、そこには議論もあるだろう。インド仏教の考え方からすれば、私度僧こそが出家だということになってしまう。

ただし最澄は、大乗戒で十分だと考えつつも、一方で、『山家学生式《さんげがくしょうしき》』を定め、比叡山の僧侶になる人間に対しては、12年間山から下りない「十二年籠山《ろうざん》」の行を課した。それによって、天台宗の僧侶の品質保証を試みたのである。南都六宗から非難されることを予め想定しての対策だったに違いない。

鎌倉仏教の宗祖たちは、道元をはじめ、法然も親鸞も、栄西も日蓮も比叡山で学び、そこで大乗戒を受けているはずである。一遍だけは、比叡山で学んだ経験がないので、戒律を授けられたことはなかったものと考えられる。

しかし、時代が進み、それぞれの宗派が確立されていくと、東大寺の戒壇で授戒したり、比叡山の大乗戒壇で授戒したりするのではなく、各宗派が独自に僧侶を認定するようになっていく。鑑真が招請された時代ほど、正式な戒師による授戒にこだわらなくなっていくのだ。それが、正式な僧侶と偽物との違いを曖昧なものにさせる原因となっていった。

授戒のない浄土真宗と日蓮宗

それでも、前の章で述べたように、浄土真宗の本願寺は天台宗の門跡寺院、青蓮院の末寺で、代々の門首《もんしゅ》は、青蓮院で出家得度した。これは、いったんは天台宗の僧侶になったことを意味する。その際には当然、大乗戒を授かっているはずである。浄土真宗の門首が、本願寺で得度するようになるのは第11世の顕如《けんにょ》からである。だが、本願寺には当然、戒壇などはない。

これは、天台宗以外の他の宗派にも共通することで、真言宗にも、臨済宗にも、曹洞宗にも、そして、浄土宗や日蓮宗にも本山に戒壇があるわけではない。その点では、正式な戒壇を持たない各宗派において、出家得度がなされるようになったことで、正規とは言えない僧侶が輩出されるようになったとも言える。比叡山には、現在でも戒壇院があり、そこで一年に一度「授戒会」が行われている。

これは、鎌倉時代に生まれたものだが、真言宗の系譜に属することから、鎌倉仏教には分類されない宗派に真言律宗がある。この宗派を開いたのは叡尊《えいそん》で、宗派の名が示すように戒律の復興をめざしていた。そのために、朝廷の許可を得ずに、宗派の寺に独自の戒壇を設け、そこで授戒を行った。これは例外である。

それでも、真言宗や臨済宗、曹洞宗、浄土宗では、僧侶になるための儀式のなかに授戒が組み込まれている。場所は戒壇ではなくても、戒律を授かって僧侶になるという形式は保たれている。それもないのが浄土真宗と日蓮宗なのである。

浄土真宗の場合には、親鸞以来の伝統で、出家した僧侶は存在せず、その立場は一般の信者、門徒と変わらない。だからこそ、僧侶になるために特別な授戒を必要としないのだが、日蓮宗にも同じ傾向が見られる。

日蓮宗の宗祖である日蓮は、基本的には自らを天台宗の僧侶としてとらえていた。したがって、「天台沙門《てんだいしゃもん》」と署名することも多かった。日蓮は、北条時頼《ほうじょうときより》に提出した『立《りっ》正安国論《しょうあんこくろん》』においては、法然の浄土宗を厳しく批判した。その後、批判の対象は拡大し、真言宗や禅宗、律宗《りっしゅう》を痛烈に批判するようになっていく。さらには、密教を取り入れた天台宗も槍玉にあげるようになる。だが、天台宗を開いた最澄については、生涯の終わりまで批判の対象とすることはなかった。日蓮は、最澄の思想を受け継ぐ立場を貫いたのである。

したがって、日蓮の死後には法華宗という宗派が生まれ、それはやがて近代に入ると日蓮宗と呼ばれるようになるが、日蓮自身は天台宗から独立した宗派を作り上げ、独自に僧侶を養成することには関心を持たなかった。日蓮にとっては、日本の国家が正しい仏法を受け入れ、それに背く謗法《ほうぼう》の教えを排斥することがもっとも重要な事柄で、自らの教えを信奉する集団を作り、それを拡大しようとする意図はなかったのである。

日蓮宗の僧侶が「自分たちは本物の僧侶かどうかはっきりしない」

おそらく、こうした宗祖日蓮の姿勢が、その後の日蓮宗での僧侶養成のあり方にも結びついたのであろう。江戸時代になっても、日蓮宗の教えを学ぶ檀林においては、日蓮の教えを直接学ぶのではなく、天台教学が講じられていたというが、そのことも日蓮のとった姿勢に関係するに違いない。

ただ、日蓮宗という宗派が形成され、それが他の宗派と拮抗する関係に置かれたことで、日蓮宗でも自前の僧侶を養成するようになっていく。日蓮の書き残した文章は、「遺文《いぶん》」と呼ばれるが、日蓮が遺文において授戒や受戒、戒壇に言及している箇所は少ない。

そうした指摘をすると、日蓮が「三大秘法抄」で述べている「本門の戒壇」はどうなのかと言い出す人もいるかもしれないが、「三大秘法抄」が偽書であるのは間違いない。日蓮の真筆が残る遺文のなかで、本門の戒壇にふれているのは、「報恩抄《ほうおんしょう》」に1箇所あるだけである。

その点の議論に踏み込んでいくと、この本の趣旨から外れてしまうが、要するに日蓮宗には、授戒という考え方はなく、僧侶も、授戒に与ってはいないのである。

したがって、『日蓮宗事典』(日蓮宗事典刊行委員会)の「授戒」の項目では、日蓮宗におけるやり方について次のように説明されている。

まず、戒師が「今身《こんしん》より仏身《ぶっしん》に至るまで、本門の妙戒《みょうかい》、能《いず》く持《たも》んや否《いな》や」と問う。すると、受者が「能《よ》く持ち奉る。南無妙法蓮華経《なむみょうほうれんげきょう》」と答える。その後、「今身より仏身に至るまで、本門の本尊能く持んや否や」「能く持ち奉る。南無妙法蓮華経」「今身より仏身に至るまで、本門の題目能く持んや否や」「能く持ち奉る。南無妙法蓮華経」という形で問答が続く。これは一種の決意表明ではあるが、このなかには戒律を授ける箇所は含まれない。

ただ『日蓮宗事典』では、青森県や秋田県などの日蓮宗寺院の一部で、授戒会が行われていることを認めている。それは、日蓮宗の教えから生まれたものではなく、曹洞宗・禅宗、浄土真宗の影響を受けたものだというのである。浄土真宗には本来授戒はないわけだが、僧侶になるための「得度習礼《とくどしゅうれい》」「得度式」があり、ここではそれをさすのであろう。

私は一度、日蓮宗の僧侶から自分たちは授戒に与っていないので、本物の僧侶であるのかどうか必ずしもはっきりしないという話を聞いたことがある。

仏教の堕落と戒律

浄土真宗と日蓮宗で授戒がないということは、前の章で見た葬式のやり方にも関係していく。

前の章では、葬式のやり方について曹洞宗の影響を受けた各宗派の葬式では、剃髪、授戒、戒名授与が儀式の中心をなしているのに対して、浄土真宗と日蓮宗の葬式にはその部分が含まれないことを指摘した。

そのことは、戒名のことをどう呼ぶかにも影響している。曹洞宗をはじめとする宗派では、授戒した上で授けられるので戒名と呼ばれるが、浄土真宗では戒名ということばは使わず、「法名《ほうみよう》」と呼ばれる。日蓮宗だと「法号《ほうごう》」である。

浄土真宗の法名は、基本的には、男性なら「釈《しやく》○○」、女性なら「釈尼《しやくに》○○」で非常にシンプルである。日蓮宗の法号では、宗祖日蓮にならって、「日」、あるいは『法華経』にちなむ「妙」の字が入る。後者は女性の法号で、『法華経』が『妙法蓮華経』と呼ばれるからである。

この戒名のあり方については、幻冬舎新書から出している拙著『戒名は、自分で決める』で詳しく述べたので、そちらを参照してもらいたいが、たんに宗派によって戒名のつけ方が違うというだけではなく、そこには、戒律をめぐる考え方の違いが反映されている。実はこの点がとても重要なのである。

授戒を経ないで僧侶になる。奈良時代に鑑真の来日に結びつく提言を行った隆尊からすれば、それこそが日本仏教の大問題だった。そして、この問題は鑑真の来日で解決し、以降、隆尊のように、自分は正式な僧侶なのかどうかを問う必要はなくなった。

しかし、浄土真宗や日蓮宗の場合には、隆尊のような悩みを抱える僧侶が出てきても不思議ではない。しかも、浄土真宗の場合には、僧侶になるための特別な修行も存在しない。ここに、「僧侶格差」が存在するのである。

一般にこの点はあまり注目されないことだが、日本の仏教の歴史を追っていくと、戒律のことが重要なテーマになっていることが見えてくる。仏教が堕落したというとき、それを立て直すために必ず行われるのが戒律の再興ということである。真言律宗が生まれたのは、まさにその具体的な例になる。

江戸時代に入っても、いかに戒律を再興するかが重要な課題になっていた。それも、江戸幕府が僧侶の妻帯などを固く禁じたからである。江戸時代は、僧侶が出家としての立場を守らなければならなかった時代でもある。

ところが、明治に入ると、1872（明治5）年、「自今僧侶肉食妻帯蓄髪等可為勝手事（今より僧侶の肉食・妻帯・蓄髪は勝手たるべき事）」という太政官布告が布達された。これは、全国一律の戸籍の編成が関係し、僧侶もまた俗信徒と同様に、新しい近代日本国家の国民に再編成しようとするための政策であった。

しかしこれは、戒律を無視することに直結する。なかには、浄土宗の僧侶で、後にその管長《かんちょう》をつとめることになる福田行誡《ぎょうかい》のように、布告の取り消しを建言する僧侶もいた。福田は「これ滅度《めつど》破仏《はぶつ》の濫觴《らんしょう》なりと。驚愕《きょうがく》の至りに絶えず」と、この布告が仏教のあり方を根底から突き崩すものであることを批判した。もっともな批判である（吉田久一《きゅういち》『近現代仏教の歴史』ちくま学芸文庫）。

この福田の懸念は現実のものとなったと言える。明治以降、仏教の刷新や革新ということが問題になることはあっても、戒律の復興が課題として浮上することはなくなった。僧侶が俗信徒と変わらない生活を送っている以上、厳格に戒律に従うということが難しくなったからである。

博学で戒律も破らないAIロボット導師に葬式に来てもらいたい時代

ただ、私は現代の日本の僧侶も戒律を意識していると思わせる出来事に接したことがある。

私の家の墓は、都内の曹洞宗寺院にあるのだが、祖父母や父など、皆俗名で葬られている。それは、戦争中、祖父母が祖父の故郷に疎開していたとき、実家の菩提寺の僧侶が強欲で、祖母がそれに腹を立て、祖父を新たに東京に求めた墓に葬るとき、俗名でいい、戒名料など払いたくないと希望したからである。

普通なら、そうした要求はかなえられないものかもしれないが、その曹洞宗寺院の住職は理解があり、それを許した。その際に、自分はまだ十分に修行を積んでいないので、戒を授け、戒名をつける力はないと言ったというのである。私はそれを両親から聞いた。

曹洞宗では現在も、僧侶になるためには、永平寺や總持寺などで1年間雲水として修行することが必要とされている。その修行の様子はさまざまな形で紹介されているが、なかなかに厳しいものである。私の家の菩提寺の住職にも、その経験があったはずだ。

この章の最初にロボット導師についてふれたが、現在では、ビッグデータやAI（人工知能）のことが大きな話題になり、しだいに私たちの暮らしのなかにも取り入れられるようになっている。

仏典は膨大だが、それをデータ化し、それぞれの状況に応じて解析し、説教のネタを作れるようにしたとしたら、ロボット導師は、あたかも修行を重ねた高僧のように見えてくるかもしれない。人間には、仏典をすべて読みこなすことは困難だが、ＡＩには手もないことだ。それは、ビッグデータとも言えないほどの量なのかもしれない。

では、ＡＩで高度化したロボット導師は、正式な僧侶と言えるのだろうか。人間が及ばないほど博学で、悟りすましたような説教をするロボット導師がいたとしたら、私たちは、そんなものは正式な僧侶ではないと一蹴できなくなるかもしれない。

まして、ロボット導師が戒律を破る、破戒することはない。戒律を無視する生臭坊主よりも、ロボット導師に葬式に来てもらいたい。そんな人たちが現れても不思議ではないのである。

第8章　急増するおかしな葬式

——過剰な演出が増える一方で簡略化する動きが

「メモリアルビデオ」という名のスライドショー

今から4年近く前のことだ。

正月三箇日の翌日、新聞を開いて驚いた。元職場の同僚が亡くなったことが伝えられていたからである。

まだ62歳で、死因は脳梗塞だった。葬式に参列して知ったのは、大晦日に倒れ、1月3日に亡くなったということだった。まさに急死である。

私は葬式に参列したが、その葬式ではスライドショーによって故人の歩みを紹介する場面があった。葬式が行われたのは1月12日のことなので、亡くなってから9日が経っていた。

故人は、メディア関係の研究をしており、映画やコンピュータにも詳しかった。私が同僚だったのは、文部省の共同利用機関、放送教育開発センター（メディア教育開発センターに改称された後、業務は放送大学に移管され廃止）に勤めていたときのことである。

そんな故人であれば、スライドショーで経歴が紹介されるのも不思議ではない。それは葬式ではじめて見る光景だったが、私はそう思って納得したし、格別そのことは気にならなかった。実際、葬式の模様はインターネットでも中継されていた。

しかし、いくら故人がメディアに詳しい人間であったとしても、急死という状況のなかで、遺族が故人の生涯が分かるような写真や動画を選び出すのは大変なことである。死亡広告が新聞に出た後、奥方から電話をいただいたが、あまりに急な出来事に動揺を隠せなかった。深い悲しみのなかで故人の思い出にふれることは、かえって家族の感情を激しく揺さぶることになった可能性は十分に考えられる。

それに、そうしたやり方を故人が生前から望んでいたとは到底考えられない。どんな葬式をするか、それを尋ねる余裕もなかっただろうし、倒れた本人にはその力もなかったであろう。62歳という年齢を考えると、家族で死後のことを話し合っていたということもないだろう。

後になって、どうもそれは、本人や遺族の発案によるものではなく、葬儀社が勧めたものではないかと考えるようになった。

現在の葬式では、スライドショーは珍しいものではなくなっているからである。それは、「メモリアルビデオ」と呼ばれている。

こうしたスライドショーは、少し前から結婚式では当たり前のものになっている。昔は、披露宴には仲人が媒酌人《ばいしゃくにん》として必ずいて、仲人が新郎新婦の経歴を紹介していた。見合い結婚が多い時代には、仲人は、結婚する二人を引き合わせる役割を実際に果たしていることも少なくなかった。その点でも、仲人は新郎新婦の経歴を紹介するには一番ふさわしいと考えられたわけである。

ところが、時代が変わるとともに、見合い結婚は減り、恋愛結婚全盛時代が訪れた。見合いで結ばれたわけではないので、仲人を立てないことも珍しくなくなった。今では、仲人のいる結婚式はかえって少ない。それによって、新郎新婦の紹介はスライドショーが中心になった。今の世代には、成長過程を示す写真や動画が多くあるということも、それを可能にしている。

業者がひたすら悲しみを強調し遺体へ触れさせせまですることへの違和感

つまり、この披露宴でのやり方が、葬式にまで持ち込まれることになったのだ。そこには、火葬場が混雑するようになり、亡くなった日から葬式が行われるまで間隔が空くようになったことも影響しているのかもしれない。私が参列した葬式のように、写真や動画を選ぶ時間的な余裕ができたのだ。

それを主導しているのは葬祭業者だが、そのなかには、ブライダル産業から参入してきた業者が少なくないようだ。少子化や未婚率の増加、あるいは経済状況の悪化などによって、結婚式の数は昔ほどではなくなっている。そこで、ブライダル産業で培ったノウハウを持って葬祭業に参入してきたのだ。

そうした業者は、演出ということに力を入れる。ブライダルを手がけるなかで、いかに式を盛り上げるかを考えてきたからだ。したがって、スライドショーをやるときにも、葬祭業者が司会に立って、故人を失った悲しみを強調するようになる。

たしかに、家族の一員を失うということは悲しい出来事である。62歳の急死ともなれば、遺族は悲嘆に暮れる。

だが、故人が80歳を超え、さらに90歳を超えていたら、どうだろうか。さらには、長い間寝た切りで介護の生活だったとしたら、遺族には悲しいというより、ほっとしたという安堵の気持ちが強いかもしれない。

そうした死をめぐる状況を一切無視して、葬祭業者が故人を失った悲しみをひたすら強調することは、葬式を出した遺族や参列者に強い違和感を残すことにもなってくる。

しかし、最近は、こうした違和感を残す「おかしな葬式」が増えているようだ。それについては、『週刊ポスト』２０１７年5月26日号が、その「実例集」を記事にしている。

実はこの記事は、私のツイートが元になったものだった。私は、その1箇月前の4月24日に、次のようなツイートをした。

昨日、最近の葬儀では、参列者に無理に遺体の顔にさわらせたり、遺族に参列者の前で湯かんをさせたりするものがあると聞いて驚愕した。葬祭業者は、常軌を逸した演出に傾いている。まじ、「葬式は、要らない」。

私は、過剰演出の葬式に参列して戸惑ったという知人の声を聞き、それでこうしたツイートをした。それが週刊誌の記事を生むことにつながったのである。

実例集では、私がふれたおかしな葬式以外の実例も紹介されている。

たとえば、葬式の途中、棺に花を供える段階になったときである。司会者が、故人が好きだったという「見上げてごらん夜の星を」の曲をこころを込めて一緒に歌いましょうと呼び掛けてきた。参列者は急な提案に戸惑っていたが、遺族は練習してきたようで、それを涙ながらに歌いきった。すると、それに拍手する参列者もいたというのだ。

2015年に女優の川島なお美氏が亡くなったとき、青山葬儀所での葬儀で、出棺前の挨拶に夫の鎧塚《よろいづか》俊彦氏は、妻が拍手をもらうことを何よりもの生きがいにしていたので「割れんばかりの拍手で送ってやってください」と参列者に願い、万雷の拍手のなかで故人を乗せた霊柩車が出発したという例はある。それは故人に向かっての拍手で、遺族への拍手ではなかった。

あるいは、やはり棺に花を供えるとき、葬儀社のスタッフから、遺体に対して「声をかけてください」と言われたという例もある。遺族は声をかけていたが、急なことで参列者のほうはあわてた。さらには、故人に対するメッセージを書くためのホワイトボードや大きな色紙が用意されていることもあるという。

結婚式の寄せ書きなら、相手は生きている人間なので、いくらでも書くことはある。だが、すでに亡くなっている人間に対するメッセージとなると、誰だってなかなか思いつかない。それを急に求められても、困ってしまう。

北海道で通夜や葬儀の際に集合写真を撮る習慣があることについては、すでに第4章でふれたが、それは全国にも広がりつつあるようだ。なかには、故人の等身大の写真パネルが用意されていて、「ぜひ一緒にお写真を」と促されることもあるという。これではまるで観光地だ。

週刊誌の実例集では、私が聞いた、遺体にさわらせる演出があることにもふれられていた。湯かんについては、公開での実例は挙げられていなかったが、通夜の際に、遠い親戚にもスポンジが渡され、湯かんに参加せざるを得ない状況が作られたりしているという。

果たしてこの傾向がこれからどこまで進んでいくかは分からないが、さらに演出過剰な葬式が増えれば、葬式に参列するときに、覚悟して臨まなければならなくなるかもしれない。

なかには当然、遺体にさわりたくないという人だっている。ところが、葬祭業者は、巧みにそうせざるを得ない雰囲気を作り上げ、参列者を追い込んでいくのだ。

参列者には、葬式でどういう演出があるのか、事前にはまったく知らされない。しかも、葬式に参列する機会は減り、演出過剰な葬式の経験がまったくなかったりする。

遺族のほうも、葬式を出した経験がまったくなかったり、経験が乏しかったりするので、葬祭業者の言いなりになってしまいやすい。

なんともおかしな時代になったものである。

1980年代は半数が自宅で葬式をしたが、今は8割以上が葬祭会館で

葬式は、昔は自宅でやるものだった。自宅に祭壇を設け、そこで通夜と葬儀・告別式を行った。そこには、菩提寺の住職がやってきて読経した。それが、昔は当たり前のや

り方だった。

自宅で葬式をする際には、関東では花輪を立てた。それが関西では樒《しきみ》だった。ここにも、東日本と西日本の違いが出てくるが、東京の街中でそうした花輪を見かけることはなくなった。もう何年もそんな光景には出会っていない。

そこには、亡くなる場所の問題も関係している。

厚生労働省の調査では、1951年の時点で、全体の82・5%は自宅で亡くなっていた。病院が9・1%、診療所が2・6%だった。畳の上で亡くなる人が大半を占めていたのである。

それが、しだいに自宅で亡くなる人の割合は減り、1980年の段階では、病院でのほうが多くなった。現在では、80%近くが病院で亡くなる。自宅で亡くなるのは10%をわずかに超えるくらいである。

もちろん、病院や診療所で亡くなったとしても、遺体を自宅に引き取り、自宅で葬式を挙げることはできる。

けれども、病院で亡くなる割合のほうが多くなった1980年頃、葬儀の世界において大きな変化が起こる。それが、葬祭会館、セレモニーホールの誕生である。

そのはじめは、１９７８年に北九州の小倉《こくら》で葬祭業者のサンレーが作った小倉紫雲閣《しうんかく》である。ここでは、１０００人までの大規模な葬儀も行うことができる。それ以降、葬祭会館は全国に広がり、今では８０００軒を超えている。地方都市に出向くと、まず何よりも葬祭会館が目に入ってきたりするが、それだけ数が増えているのだから、それも当然である。

それによって、１９８０年代にはまだ半数以上が自宅で葬式を行っていたのが、現在では１割程度に減っている。逆に８割以上が葬祭会館だ。

なお、最初の葬祭会館を作ったサンレーは、作家としても活動し、多くの本を出版している一条真也《いちじょうしんや》氏が社長をつとめている。一条氏とは、葬式をめぐって激論を戦わせたことがある（『葬式に迷う日本人——最期の儀式を考えるヒント』三五館）。

東京では、ほとんど自宅では葬式は行われていないようだが、マンション暮らしが多くなったことも、そこには影響している。マンションでは、自宅に棺桶ごと遺体を運び込むこと自体が難しい。エレベータを使うなら、どうしても棺桶を縦にしなければならない。それには抵抗もあるだろう。

自宅で葬式をしないのであれば、寺でという選択もあるが、葬祭会館に頼ることが多い。葬式は葬祭会館でというのが、もはや常識になっている。自宅や寺で葬式を挙げることを考える人はかなり少ない。

葬祭業者に頼らなければ一般的な葬式を挙げられない遺族

とくに、地方の場合には、すっかり車社会になっており、どこに移動するにも車を使う。そうなると、駐車場が必要になり、自宅周辺ではその確保ができない。寺でもそうだろう。葬祭会館には広い駐車場が用意されている。小倉紫雲閣にも、250台を収容できる駐車場が用意されている。そのことも、葬祭会館での葬式が増える大きな原因になっている。

結婚式場の場合だと、前の章で見たように、教会式の建物を建てるケースが増えた。そうした施設は教会ではないため、カトリックの神父がやってこないのはもちろん、プロテスタントの牧師が来るケースも少ない。

ところが、葬祭会館は、寺の形をしているわけではないので、正式な僧侶は問題なくやってくる。檀家の自宅に赴くように、葬祭会館にやってくるのだ。それも、葬祭会館での葬式が一般化した一つの要因になっている。

社会生活の変化、あるいは生活上の都合から葬祭会館が葬式の場として選ばれるようになっているわけだが、故人にとっても遺族にとっても、そこは、葬式を行うことになってはじめて訪れる場所であるかもしれない。そこで行われた他人の葬式に参列したことはあるかもしれないが、いざ自分で葬式を出すとなると、慣れない場所に戸惑うこともある。

そうなると、葬祭会館での葬式は、葬祭業者主導で営まれ、遺族はどうしても受け身の立場に立たされてしまう。遺族には勝手がよく分からないからだ。

あるいは、葬祭会館が主流になったことで、こんな変化も起こっている。

葬祭会館に車で来るとすれば、少なくとも運転手は酒を飲むことができない。そうなると、通夜に酒を振る舞うということも難しくなる。これは、故人を偲ぶという機会を奪うことにも結びついている。

今の社会では、葬祭業者に頼らなければ、葬式を挙げることは難しい。そもそも、病院から遺体を葬祭会館に搬送する段階から、どうしても業者に頼らざるを得ない。遺体の搬送を、遺族が行うこともできる。そもそも葬祭業には特別な許可は要らない。許可が要るとしたら霊柩車を導入するときで、その際には、貨物自動車運送事業法にもとづいて許可申請をしなければならない。

葬祭業を営むのに特別な許可が要らないのは、第4章で述べた葬式組の伝統があるからだ。葬式組は地域で自発的に組織されたもので、それが機能している社会では葬式組が葬式万端を仕切ることになる。そうした住民の組織が許可を必要とするということは考えにくい。

したがって、遺体の搬送も遺族がやろうと思えば、できないことではない。防水に気をつければ、自家用車で遺体を運ぶことはできる。

ただ、火葬場では、特定の業者でなければ遺体を持ち込むことができないとしているところが少なくない。そうなれば、どうしても葬祭業者の手を煩わせなければならなくなる。そこからして、葬祭業者に依存しなければならない体制が作り上げられている。

家族にとって葬祭会館はアウェイの場所である

今さら昔に戻ることはできない。自宅で亡くなり、自宅で葬式を行い、葬祭業者に頼らないというやり方はとれない。遺族が自分たちの手ですべてをやらなければならないとなれば、誰もが途方に暮れるだろう。その作法も分からない。

あるいは、これが骨葬ということになれば、現在でも自宅での葬式が可能かもしれない。骨葬については、やはり第4章でふれたが、これは、通夜の後、あるいは通夜の前に火葬してしまうものである。通夜を省いて火葬だけするということも可能だ。

火葬が済んでいれば、遺体を自宅に持ち帰る必要はない。そうなれば、自宅で遺骨を前に葬式をすることはできる。マンションでも、アパートでもそれは可能だ。自宅での葬式の復活には、そうしたやり方が考えられる。

だが、そうまでして自宅での葬式にこだわる人もほとんどいない。自宅で亡くなるということも、今では相当に難しくなっている。何より、自宅でひっそりと亡くなれば、事件ではないかと疑われ、解剖にふされることもある。病院で医師の立ち会いのもと臨終を迎えるほうが、何かと面倒は起こらない。

社会が変化することで、家というもののあり方が根底から変化してしまっている。結局はそのことが、葬式のあり方を大きく変えてきた。

昔の家は、たんに家族が住むためだけのものではなかった。生産の場であり、作業の場であり、さらには冠婚葬祭を営むための空間でもあった。都会の家には、そうした機能を果たす余裕がない。生産や作業の場ではないし、そこに多くの客を招くということもできず、冠婚葬祭を営むことは不可能である。

葬祭会館は、遺族にとってアウェイの空間である。葬祭会館を運営している葬祭業者や、同じ地域で数多くの葬式をこなしている業者なら、そこはいつも使う馴染みの空間であるかもしれないが、遺族にとっては決してホームではない。

アウェイの空間で、満足のできる葬式を挙げることは相当に難しい。遺族には、主導権はなく、それは業者に握られてしまっている。おかしな葬式が増えるのも、それがあるからだ。

以前の葬式は、参列者にとって楽しみの要素があった。そんなことを言えば、不謹慎だと非難されるかもしれないが、そこには突発的な出来事が伴い、その分物語性があった。

たとえば、葬式に、隠し子とその母親が突然現れるということがあった。もちろん、故人の財産を狙ってのことだが、それはあくまで正妻の側からの見方であり、隠し子とその母親にしてみれば、遺産の分け前に与ることは当然の権利である。

そうしたことが起こり、ドラマとしての性格を持っているがゆえに、映画のなかに葬式が登場することが少なくなかった。一番有名な映画のなかでの葬式は、黒澤明監督の『生きる』であろう。

『生きる』には、終戦直後のクリスマスの銀座で、バーにくり出したサラリーマンが三角帽を被り、どんちゃん騒ぎをする場面が出てきて、日本でクリスマスがどのように受容されてきたかを知ることもできる。そして、主人公が亡くなっての葬式のシーンは延々と続いていく。主人公の自宅での葬式で、主人公の生前の行動がどういったものであるかが語られていき、ガンを患うなかで、立派な仕事を果たしたことが明らかにされていくのである。

年間130万人以上が死亡しているが、葬式はかなり減っている

それも、昔は人間関係が濃かったからである。『生きる』の葬式の場面に出てくるのは、主に主人公の職場の同僚たちだが、職場の人間関係が、冠婚葬祭にはそのまま持ち込まれることが、当時は当たり前だった。この映画が封切られたのは1952年のことである。

逆に、人間関係が希薄なものになっていけば、葬式は、参列者にとって興味深いものではなくなっていく。少し前までは、仕事の関係で、故人のことを知らないのに義理で参列するケースも多かったが、それも、故人の影響力がどこまで及ぶかを知る一つの指標にはなっていた。

もちろん、人の興味を引くような葬式をする必要などない。昔は、自然とそうしたものになっただけだ。

けれども、人間関係が希薄になった社会では、葬式をすることに意義を見出すのが難しくなっている。故人が80歳、90歳を超えているというのであれば、葬式に参列する仲間などいない。たとえ存命でも、葬式に出かける体力がなかったりする。まして100

歳を超えれば、同世代の仲間はいない。

100歳になるのが嫌で自殺した99歳の女性がいたが、それも、友だちがいなくなって寂しく、生きている甲斐がないからだった。

家が強固なものであった時代には、亡くなった人間は、「ご先祖様」として祀られ、手厚く供養された。その家を作り上げ、繁栄に導く上で、そのご先祖様が相当な貢献をしたからだ。

今は、亡くなって、ご先祖様として崇められる人物はほとんどいなくなった。故人は、田畑を後に残すわけではないし、生活の基盤となる家を子孫のために守り通してくれたわけでもないからである。

葬式に対する関心は、最近になって薄れている。しかも、葬式の簡略化が著しく進み、葬式に参列することも少なくなっている。

私が今のところ最後に葬式に参列したのは、この章の冒頭で紹介した元職場の同僚が急死したときのことだった。それから葬式に参列したことがない。

その話を知り合いにすると、「それは、島田さんが『葬式は、要らない』なんて本を書いているからでしょ」と言われる。

しかし、近しい人間が亡くなれば、何らかの形で情報が入ってくる。あえて私に葬式の日取りを知らせないなどという例はなかった。

要するに、葬式が行われなくなっているのだ。

2017年の年間の死亡者数は、推計値だが、134万4000人にのぼる。『葬式は、要らない』を出した2010年が119万7066人だったから、その年から15万人近く増えている。

130万人以上の人間が亡くなるということは、130万件以上の葬式が営まれたはずだ。ところが、私には葬式に参列する機会はめぐってこないのだ。

それは、一つには、高齢化が進み、私がかかわりを持っている世代はほとんど亡くなる人間がいないからである。

2012年から、年間の死亡者のうち75歳以上が占める割合が7割を超えるようになった。後期高齢者にならないと、人は死ななくなっている。私はまだ64歳だから、後期高齢者の知り合いはそれほど多くはない。

しかし、それだけではない。

簡略化した家族葬・直葬と過剰な演出の葬儀で両極化

最近では、葬式を簡略化する動きが進んでいる。たとえ有名人であっても、身内だけで葬式は済ませたと、後になって発表されることが増えている。

葬式は営まれているが、参列者を呼ばないのだ。

そうした葬式は、一般に「家族葬」と呼ばれる。

では、家族葬は、葬式全体のなかでどのくらいの割合を占めているのだろうか。

鎌倉新書が２０１４年に葬祭業者に行ったアンケート調査では、一般葬が42％であるのに対して、家族葬は32％という結果が出ている。

ただ、ここで難しいのは、家族葬をどのように定義するかである。鎌倉新書の場合には、参列者が30人以下の葬式としている。

さらに、この調査では、通夜も告別式も行わず、火葬場に直行してそこでお別れをする「直葬」が16％に達するとしている。家族葬と直葬を合わせれば48％で、一般葬を上回っている。

大手スーパーマーケット・チェーンのイオンが葬祭業に参入したことは、一時大きな話題になった。現在では、イオンライフという別会社を作り、さらにこの分野に力を入れている。

そのイオンライフのホームページを見ると、主なものとして6つのプランが用意されている。そのなかで、利用件数がもっとも多いのが税込み49万3000円の「家族葬」であるとされている。イオンで扱う葬式の大半は、家族葬だとも記されている。

家族葬や直葬については『葬式は、要らない』でもふれた。ただ、その時点では、どちらも新しい動きとしてだった。それが、今ではすっかり定着し、葬式は家族だけで営むもので、参列者はごく親しい知人、友人に限るということが、当たり前になってきた。

その背景には、すでに述べたように、亡くなる人間が高齢化したことが挙げられる。75歳以上で亡くなれば、故人と近しい人たちはかなり亡くなっている。生きてはいても、葬式に参列できないことが多い。

つまり、葬式をやっても、参列者がいないのだ。これは、私自身も、祖母や叔父たちの葬式で経験している。家族以外の参列者はまったくなかった。

もう一つ、家族葬や直葬が増えた背景に、葬式を出す側の経済的な事情がかかわっている。

経済成長が望めない現在の社会状況も関係するだろうが、高齢者を抱えている家庭では、医療や介護の費用がかかる。生活費もそれほど潤沢なわけではない。

そんななかでは、葬式にはできるだけ費用をかけたくない。家族葬には、身内だけで営む葬式とともに、費用のかからない葬式のイメージがある。たしかに、一般葬よりも家族葬、さらには直葬のほうが費用はかからない。

イオンだと、直葬を「火葬式」と呼び、費用は19万3000円としている。直葬の場合には、通夜がないので飲食の費用はかからない。また、僧侶を呼ぶこともほとんどないので、布施の必要はない（なお、イオンの葬式プランは頻繁に変更されるので、ここで述べたのは2018年1月末時点でのこととする）。

家族葬や直葬では参列者も少なく、葬祭業者も演出の施しようがない。その分、一般の葬儀では過剰な演出がはびこり、おかしな葬式が増えているのかもしれないのである。

第9章　墓参りしてもらえないおかしな墓

――揺らぐ永代供養墓の意味

そもそも墓自体があまり建てられなくなった

火葬場で火葬をしたとき、骨上げをする。その最後に、係員の指示で骨壺に納めるのが「喉仏《のどぼとけ》」である。これは、とくに本山納骨が広まっている関西で見られることだが、喉仏だけを別のより小さな骨壺に納めることもある。

骨上げの際に喉仏がとくに丁重に扱われるのは、その形が、仏が坐禅しているところに似ているからである。

当然、骨上げに加わった遺族は、それを喉仏だと考えているが、喉仏は軟骨であり、火葬したらすべて焼けてしまう。

その点について、しっかりと説明してくれる火葬場もあるが、骨上げで喉仏と言われるものは、本当の喉仏ではなく、第二頸椎《けいつい》である。生きている間、第二頸椎が喉仏と呼ばれることはない。ところが、それが焼け残り、あたかも喉仏に見えることから、喉仏として扱われているのである。

骨上げのときには、二本の箸を用い、二人で骨を拾い上げたりするが、その箸も片方は竹の箸で、もう片方は木の箸が用いられることが多い。なぜ不揃いの箸を使うのか、骨上げの際にいわれを説かれることもあるが、それはさまざまで一つに定まってはいない。

当然、骨上げは火葬が広まってから生まれた風習である。どこかの火葬場で行われるようになったやり方が各地に波及したのであろう。いわれは、後からこじつけで考えられたものに違いない。

骨上げする際に、東日本では遺骨をすべて骨壺に納めるのに対して、西日本では部分的にしか納めないことについては第2章で詳しくふれたが、その骨を墓に納めるやり方も地域によって異なっている。

こちらは、東日本と西日本ではっきりと分かれているわけではないが、墓石の下にあって、遺骨を納めるカロート（唐櫃＝納骨室）の部分が、石造りになっているところもあれば、ただの土になっているところもある。前者では、骨壺ごとカロートに納めることになるが、下が土になっていると、遺骨を骨壺から出して、直接その土の上に置くことになる。後者の場合、直接置くところもあれば、布袋に納めて置くところもある。

カロートに骨壺ごと納めるのは、東京を中心とした関東や中部、中国、九州地方であり、土に置くのは関西や東北である。四国でも後者のやり方をとるが、今では骨壺ごと納めるやり方に変わっているという情報もある。

土に置くやり方をとるところでは、墓の脇が開くようになっていて、そこから骨を投げ入れ、石塔を動かさないでも納骨ができるようになっている地域もある。

納骨でさえ、地域によって異なっており、やはりここでも「秘密のケンミンSHOW」の世界がくり広げられている。

しかし、最近では石塔を建てる一般的な墓を造る人がかなり少なくなっている。これは、2、3年前のことだが、葬送関係のシンポジウムで、石材店の人間から、墓石が売れなくなったという話を聞いた。前の年より70%も売り上げが落ちたというのだ。

なぜ、墓が建てられなくなったのだろうか。そこには、社会の大きな変化が関係している。

無縁墓が4割以上ある地域も！

これは主に彼岸や盆の時期に多いのだが、最近では、無縁墓が増えているというニュースがその時期によく報じられる。無縁墓とは、所有者がいても、管理料などが支払われていないものである。管理者の側が督促のために遺族に連絡をしようとしても、連絡先が分からなくなってしまっていることが多いのだ。

2013年には、熊本県人吉《ひとよし》市が、市内にある1万5123基の墓を調査した。すると、数年間墓参りもされていない無縁墓が、全体の4割以上、6474基を占めているという結果が明らかになった。これは、人吉市だけのことではなく、地方都市の墓地では当たり前のことになりつつある。

最近では、たんに無縁墓が増えただけではなく、無縁墓になるスピードも速くなっているという話を聞いたこともある。

それはひと事ではない。

私の家にも墓があるが、それが将来において無縁墓になる可能性はかなり高い。なにしろ私には、娘しかいないからだ。娘が墓の面倒を見てくれたとしても、その後は分からない。

墓というものは、一方で便利なものであり、もう一方で不便なものである。便利なものというのは、墓さえあれば、その家に死者が出たとき、その墓に納めればいいからだ。新たに墓を買い求める必要もない。

また、墓は、その家のシンボルであり、家族は墓参りをすることで、故人を偲ぶとともに、家族の絆を再確認することができる。子どもたちが巣立ってしまった家では、正月を除けば、家族が集まるのは墓参りのときだけだったりする。

私は歌舞伎ファンの一人だが、歌舞伎役者にとって、先祖の墓に参ることはとても重要なことになっている。歌舞伎のそれぞれの家には、「家の芸」というものが受け継がれている。そうした重要な役を演じるというときに、役者は、かつてそれを演じた先祖の墓に参り、役に臨む覚悟を決める。その様子が広く報道されることもある。

一方で不便だというのは、墓の根本的なあり方が関係している。

墓に入るのは、どういった納骨の方法がとられるにしても、故人の遺骨である。一方で、その墓を管理するのは遺族である。そこでは家族の関係が前提とされている。つまり、家族が続いていく、家が永続性を持つということを前提に墓の仕組みは成り立っている。

したがって、墓を買うというとき、正確には買うのではなく、永続的に使用する権利を取得するのだが、墓を守り、管理料を支払い続ける家族の存在が不可欠である。もし墓を守っていく家族がいなければ、いくら本人が希望し、最初に必要な永代使用料を支払っても、墓は買えない。

昔のように、家というものが重要な存在で、私たちの生活が家に依存していた時代には、家は是が非でも受け継いでいかなければならないものだった。

たとえば、これは今でも言えることだが、農家が一定の広さの田畑を所有しているというとき、それは、代々受け継がれていく。受け継ぐ人間がいないときには、養子をとるなどの手段を使ってでも後継者を確保する。それも、田畑が生活の基盤となっているからである。商家や自営業者でも、事情は同じだ。

だが、たんに墓のことだけに話を限るならば、それは先祖の供養のためには必要なものではあっても、家の経済とはかかわらないため、なんとしても墓守を確保しようということにはならない。

墓守の確保が必要だとされるときにも、それは、家を受け継いでいく人間が欠かせないという意味であり、墓を守っていくためだけに家の後継者を確保しようということにはならない。

無縁墓は増え、墓は売れず、墓石は高いまま

これまで、日本の社会の特徴は「家社会」であるというところにあると指摘されてきた。家が生活の単位になっていて、家がなければ、人々の生活はおぼつかない。家の継承がもっとも重要な課題で、個人はそうした性格を持つ家に縛られているというわけである。

ところが、今や家社会という呼び名は通用しないものになってきている。とくに都会のサラリーマン家庭で考えれば、一つの家の寿命はひどく短い。今や個人の寿命よりも短くなっていると言える。

カップルが結婚して新しい家ができたとする。やがて、その家庭に子どもが生まれて核家族が形成され、しばらくは賑やかな時代が続く。それも、子どもたちが巣立ってい

くまでのことで、子どもが家を出れば、夫婦だけが残される。やがて片方が亡くなり、単身者世帯になってしまう。老いた親が子どもと同居して、家を継承するということもあるが、必ずそうなるというわけではない。単身者世帯は、やがて消滅し、家はその寿命を閉じる。それまでの期間は50年から60年ほどである。

無縁墓が増えていけば墓地を運営する側も困る。それを処分するには、今はかなり簡略化されたが、煩瑣な手続きが必要で、それが終わってからでなければ、改めて墓を販売することはできない。今やその墓が売れないのだ。

ではなぜ、墓を造らなければならないのだろうか。

法律によって墓を造ることが直接に義務づけられているわけではない。だが、事実上それが強制されているとも考えられる。

墓埋法のことについては、すでに第2章でふれた。この法律では、第四条で「埋葬又は焼骨の埋蔵は、墓地以外の区域に、これを行つてはならない」と規定されている。これは、土葬するときや、火葬した骨を埋葬するときには許可された墓地以外にはできないとしたもので、墓への埋葬が前提とされている。墓地以外の選択肢が示されていないのだから、その家に死者が出た場合、墓は不可欠の存在となっているのである。

墓埋法が制定されたのは1948年のことで、当時は全体として、土葬のほうが火葬よりも多かった。

土葬の場合、墓地に墓を買い求めるようなことはしない。それぞれの地域には土葬のための共同墓地があり、そこに埋葬することになる。共同墓地への埋葬には費用がかからない。

それが火葬の場合だと、共同墓地に無料で埋葬するということはできない。個々の家が個別に墓地に墓を買い求め、そこに納骨する。墓を買うためには永代供養料が必要だし、墓石の費用もかかる。その点では、土葬とはまるで違うのだ。

墓を買うのにいくらかかるのか。それについては、すでに「はじめに」でふれた。永代使用料と墓石代（工事費込み）を合わせると、全国の平均で200万円前後になる。

200万円前後というのはかなりの額である。そう簡単に出せる額ではない。それに毎年管理料がこれとは別にかかる。墓など造れない。そう考える人も少なくないだろう。

葬式の場合には、参列者は香典を持ってくるので、それで費用のかなりの部分を賄うことができる。家族葬や直葬だと、それ自体の費用は少ないが、参列者が少ない分、香典も期待できない。案外、家族葬のほうが一般の葬式より出費が多くなることもある。ましてて墓となれば、香典にあたるものはない。墓の費用は全額、その家が出さなければならない。

バブルの時代には、地価が上がり、墓地の永代使用料もかなり高騰した。その結果、住宅を求めるときと同じように、遠い場所に墓を求めなければならなかった。このまま地価が上がれば、墓が買えなくなるという感覚が広がり、葬るべき遺骨もないのに、焦って墓を買い求めたような人たちもいた。

そのバブルの時代に高騰した価格が、そのまま受け継がれた傾向があり、墓は今でもかなりの費用がかかる。

都内では1区画1100万円の墓もある

都立霊園の一つ、青山霊園は、大久保《おおくぼ》利通《としみち》や犬養毅《いぬかいつよし》、池田《いけだ》勇人《はやと》などの政治家だけではなく、斎藤茂吉《さいとうもきち》や国木田独歩《くにきだどっぽ》などの著名人の墓もあり、かなりの人気を集めている。ここの墓は、１区画（１・60〜３・95平方メートル）で、永代使用料だけで４００万円から１１００万円近くかかる。ここ以外でも、東京23区内に墓を求めようとすれば、高級な外国車が買えるくらいの費用がかかる。それも永代使用料だけで、墓石の代金は別である。

これだけの額をかけて墓を造ったとしても、それがいつ無縁墓になってしまうのか、墓がずっと続く保証は何もない。それは政治家でも著名人でも変わらない。墓を建てる家が減少するのも当然のことである。

人間というのは不思議なものである。

土葬が当たり前の時代には、遺体は埋葬して終わりで、そこを墓として供養の対象にはしなかった。

ところが、火葬が普及し、遺骨が残るようになると、それを納めるために墓を建て、墓石の下に遺骨を納めるようになった。

たとえ墓を造るにしても、必ずしも立派な墓石を建てる必要はなかったはずだ。ただ、土のなかに遺骨を納めるカロートを設けるだけでもよかった。

すでに述べたように、地域によっては、遺骨を骨壺から出して、土の上に置くところもあるのだから、墓の区画の下に遺骨を埋めるだけで終えてもよかったはずだ。

しかし、土葬時代の遺体を埋めた「埋め墓」に対して、供養のための「詣り墓」を建てる習慣があった影響なのか、墓には石塔を建てることとなった。

それでも、戦争が終わってから間もない段階までは、大谷石《おおやいし》が主流だった。大谷石は、時間が経つと少しずつ崩れていくが、その分、値段は安かった。

それが、人工ダイヤモンドが開発され、石を切断しやすくなったことと、中国などから石が輸入されるようになったことで、大谷石に代わって御影石《みかげいし》の墓が建てられるようになっていく。御影石は強固だが、その分値段は高い。国産の高級なものになると、とんでもない値がする。

戦後、東京などの都会に住む人間の場合、費用の関係があって、値段が安い郊外の墓地に墓を求めた。遠いところに墓を買うことができたのは、マイカーの普及が関係する。マイカーがあれば、少しくらい不便なところでも墓参りに行くことができる。墓参りは、一家総出のドライブの目的になり、一種のレジャーともなった。

土葬が一般的だった時代には、一般の庶民は家の墓を持たなかったため、墓参りの習慣はなかった。詣り墓を建てる裕福な家でも、墓は近所にあるため、ことさら墓参りに出かける必要もなかった。今のような墓参りの習慣は、かなり新しいものである。

すでに述べたように、日本人のなかに、遺骨に対する執着、あるいは、遺骨に故人の霊が宿っていると考えるから、それを墓に祀るようになったわけではない。遺骨が残ってしまい、それは墓に納めるしかないので、墓が信仰の対象になってきたのだ。

土葬の時代には、墓が供養の対象にならないため、位牌を祀った仏壇がその中心になっていた。家の仏壇の代わりに、第5章でふれた位牌堂の位牌壇にそれぞれの家が位牌を祀ることもあった。

大流行する永代供養墓と樹木葬

仏壇は家のなかにあるし、位牌堂も菩提寺にあるわけで、そこに参るために遠出する必要はない。だが、墓となると、墓参りにはかなりの距離を移動しなければならない。車の運転に不自由しないときはいいが、高齢になって、それが難しくなると、それほど頻繁に墓参りはできなくなる。

それぞれの家が墓を設けるという習慣が、それほど古くからのものでないとすれば、時代が変化することで、それは意味を失っていく。家のシンボルとして一般的な墓を設けるということは、しだいに重要性を失ってきている。

墓石を建てる一般の墓に代わって、今や人気を集めているのが「永代供養墓」である。

これは、最初に永代供養料を支払っておけば、そこを管理する側が供養を続けてくれるというものである。納骨堂形式のものがほとんどで、そこに骨壺に入ったままの遺骨を納めることになる。

永代供養墓は、最初、子どものいない人間のために生まれた。墓守がいなくても、墓が確保できるからだ。

しかし、しだいに子どもがいても、永代供養墓を選択するケースが増えてきた。「子どもには迷惑をかけたくない」と考える人間が少なくないからだ。

かくして、今や永代供養墓の全盛時代である。

他に人気があるのが、墓石を建てる代わりに、樹木を墓標にする「樹木葬」である。

樹木葬では、遺骨を直接土のなかに埋めるので、土に還る、自然に還るというイメージがある。ただし、現在の火葬では、骨はセラミック化して陶器のようになっているため、簡単には土に溶けていかない。土に還るというのは、あくまでイメージである。

樹木葬では、個別に遺骨を埋葬する場合もあれば、他の骨と一緒に合葬するときもある。個別に葬った場合でも、一定の期間が過ぎると合葬されるところもある。

要するに、樹木葬も、永代供養墓の一種として考えることができる。

墓について見ていく際に、さまざまな場面で「永代」ということばに遭遇する。これは、永世、あるいはとこしえという意味だが、必ずしも無条件に永遠に続けられるというものではない。

一般の墓の永代使用料は、最初に墓を求めたときに支払うものだが、それで終わりではなく、毎年一定額の管理料が支払われなければ、無縁墓になってしまう。樹木葬を含めた永代供養墓も、管理料は必要ではないものの、最後は合葬されるので、個別の供養が永遠に続くわけではない。

永代供養墓では、その墓を守っていく人間を必要としないわけだが、そうであれば、墓参りに訪れる人もいないということである。ただ供養だけが続けられていく。考えてみれば、それは不思議な光景である。

そうなると、本当に墓は必要なのかという話にもなってくるが、現在では、墓をまったく造らない、あるいは墓には納めないやり方もある。

その一つの代表が、散骨、自然葬である。これは、遺骨を細かく砕き、海や山に撒いてしまうものである。

全部撒いてしまえば、遺族の元には遺骨はまったく残らない。遺骨がない以上、墓は必要にはならない。「はじめに」でもふれたように、欧米では、火葬したら骨は撒いてしまうのが前提である。

あるいは、関東など東日本の人間には馴染みがなく、知らない人も多いわけだが、第3章でふれた骨仏や本山納骨というやり方をすれば、やはり遺骨は手元には残らない。

送骨というやり方もあるし、遺骨を引き取らない0葬でも、手元には遺骨は残らず、墓を求める必要はない。

墓も要らないし、もう遺骨をゴミのように捨てている人もいるかもしれない

今では、このように墓を造らないためのさまざまなやり方が存在しているわけだが、遺骨は、永代供養墓を含め、墓に納めるというケースのほうが依然として多い。

そこには、遺族や関係者は一人ではなく、複数いるということも関係している。家族に話をしぼっても、故人をどう葬るか、意見が分かれることがある。誰かが散骨や送骨を考えていても、家族のなかから一人でも反対の声が上がると、それで押し通すことが難しくなる。

骨仏や本山納骨の場合もそうだが、散骨や送骨では、いったんそうしてしまったら、遺骨を戻してもらうことができない。海や山に撒かれたり、合葬されたりするからだ。その点も、決断を難しくしている。そうしたやり方をして、遺骨がなくなると、それ自体がトラブルを引き起こすことにもなりかねないからだ。

墓に埋葬しなければ、本当に供養したことにはならないのではないか。そう考える人もいる。すでにその家に墓があるという場合であれば、とくにそうなりやすい。

本人が墓に埋葬されないことを望んでいても、それがかなうとは限らない。父親のほ

うは墓に入っているのに、母親だけそこに埋葬しないのはいかがなものか。子どもたちが反対したりする。墓は家の問題であるだけに、個人の一存では決めがたいのだ。

その点でも、墓は実にやっかいなものである。

あるいは、故郷にある墓を整理して改葬しようとすると、菩提寺から離檀料を請求されたりする。

最近では、遺骨をわざとどこかに置いてきてしまう例が増えている。なかには、自宅に骨壺に入った遺骨を置いたままで、それを墓に納めることもできず、困っている家も少なくない。

もし、通常のゴミと同じように、遺骨を捨てることができたとしたら、捨てたいと考える人はかなり出てくるのではないだろうか。

いや、現実に遺骨を捨てている人もいるだろう。少量ずつ一般のゴミに混ぜて捨てたとしても、誰にも分からない。

それは、故人を蔑ろにすることだと考える人も少なくないだろうが、果たしてそうなのかどうか、かなり難しいところがある。

現在では、土葬を恐ろしいと感じる人が増えている。イスラム教徒の場合、土葬が基本で、地獄の火を連想させる火葬を忌み嫌うので、日本で亡くなったときにも、土葬を希望する。そのため、関係者の力によって、寺の境内を借りたイスラム教徒専用の墓地が存在している。

ところが、それでは足りないと、他の場所にイスラム教徒専用の墓地を造ろうとしたら、周囲の住民が土葬と知って反対した。おそらく、その地域では、少し前までは土葬が当たり前に行われていたはずだ。それが、火葬が普及することで、土葬を忌み嫌う風潮が生まれた。人々の考えや感覚は、比較的短期間でがらりと反対の方向に変わってしまうのだ。

土葬すれば、肉は腐り、骨も腐っていく。文字通り自然に還っていく。何も後には残らないので、故人の一部を祀ったりはしなかった。死後の供養は、目に見えない霊に対するものであって、肉体の一部に対するものではなかったのだ。

「追善」の意味がない「おかしな墓」になっていく永代供養墓

たしかに、骨には存在感がある。だからこそ、第2章でもふれたように、仏舎利の信仰があったり、聖遺物の信仰が生まれたりした。

火葬が普及したのは、公衆衛生の観点や、埋葬する土地の問題があり、土葬よりも好ましいと判断されたからだ。その際に、遺骨のことには配慮されなかった。遺骨が持つ存在感が、葬送のやり方を大きく変えていくとは予想されなかったのである。

遺骨に限らず、一度祀られたものは、特別なものに変化すると考えられている。たとえば、仏壇の場合、そこに位牌を祀り、長年にわたって供養の対象にしていると、仏壇自体に何かが宿っていると考える人が出てくる。故人の霊が宿っているとまでは考えないまでも、それを処分するというときに、簡単にはそれができない、あるいはそれを恐れるようになる。

粗大ゴミのリストを見てみれば分かるが、仏壇はゴミとして出すことができる。だが、なかなかそれに踏み切れない人たちがいる。

何らかの事情で家を処分しなければならなくなったときにも、解体業者は仏壇の処理だけはしない。弁護士がそれにかかわっているようなときには、最後、弁護士が仏壇を処分する。

仏壇は、仏像や曼陀羅《まんだら》、あるいはこれが一番多いが、位牌を祀る道具、家具の一種である。その点では、ただの容れ物であり、そこに何かが宿っているとは考えられない。しかし、供養の場として用いられることで、一般の道具や家具とは違うものとしてとらえられるようになる。だから、粗大ゴミに出すのではなく、仏具店や寺に処分を依頼する人たちが出てくる。当然、それには一定の費用がかかり、粗大ゴミとして処理するよりもはるかに高い。

これは、宗教の本質、信仰の真髄にもかかわることだが、人は何かを祀るということに熱心である。日本では、死者、その家の先祖が祭祀《さいし》の対象になってきた。

その際に、死者を供養するということが重視されたが、それは、「追善供養」と呼ばれた。これも、元をたどれば儒教に行き着く考え方だが、遺族が故人に代わって善を追加することで、故人を速やかに成仏させることが追善の目的とされた。

善を追加するということは、法要を営むことであり、菩提寺に対して布施をすることを意味した。故人は生前、六波羅蜜の一つである布施を十分にしていないので、布施は不可欠だと考えられた。

これは、菩提寺が金を儲けるための手段にも見えてくるが、遺族の側も、十分な追善供養を行うことで、故人に対して孝を尽くしたと考えることができた。しかも、故人は法要がくり返されることで仏へと近づいていく。その点で、追善供養に意義を見出すことができたのだ。

今流行している永代供養墓の場合、そこには追善供養の要素はまったく見られなくなっている。墓を設ける際に永代供養料を一括して支払う仕組みで、その後の法要は前提とされていない。本来は、供養には追善供養の意味が含まれていたが、それでは永代供養料はただの使用料である。その永代供養墓を造った寺の住職が供養を続けるとはされているものの、遺族をはじめ、他人はそこにかかわらない。

いったい永代供養墓にどういう意味があるのか。私たちはそれを考える必要に迫られている。追善供養の対象にならない永代供養墓は、おかしな葬式ならぬ、「おかしな墓」なのかもしれないのだ。

ドライブスルー葬を生み出した「世間体」

「ドライブスルー葬」なるものが登場した。

ドライブスルー葬の仕組みについては、すでに2015年の段階で特許が出願されている。当時そのことは聞いたし、取材も受けた。それが、ついに2017年12月、ドライブスルー葬が可能な葬儀場、上田南愛昇殿《うえだみなみあいしょうでん》が長野県上田市にオープンした。

これは、ドライブスルー葬という名称が示しているように、ファストフード店のドライブスルーと同じく、車を降りることなく葬式に参列できるシステムである。

参列者は1台ずつ専用レーンを進んでいき、受付台に備えられているタブレットの端末を使って名前や住所を登録する。香典もそこで出す。

そして、焼香ボタンを押すと、焼香したことになる。その様子は、カメラで撮影され、場内の遺影の横にあるスクリーンに映し出される。

「いったいなんで、そんなシステムが必要なのだ」

「それはあまりにも不精ではないか」

そう考える人もいるだろう。

しかし、現代では、葬式の参列者のなかに、普段車椅子で生活している高齢者が増えた。そうした人にとっては、車を降りずに参列できるのはとてもありがたい。

この葬儀場を造った葬祭業者は、遺族の側は誰が参列したのか、参列していないのかを覚えており、たとえ車のなかからでも焼香できれば、参列者の側が不義理をしたと感じる必要はないと語っている。

葬式は、故人の供養のために行われるものだが、それだけではない。

そこには「世間体」が深くかかわってくる。ドライブスルー葬の発想が生まれたのも、それを意識してのことである。知り合いの葬式に参列しないと世間体が悪い。その思いを解消できる仕組みであることが、こうした新しい送別の方法の第一の売りになっている。

バブル期に流行した立派な戒名も世間体から

世間体とは、考えてみるとかなり不思議なことばだ。

世間体は、世間に対する体裁や見栄を意味し、「世間体が悪い」といった使われ方をする。そもそも世間ということば自体が、社会とは異なる日本独自の用語で、そこには、日本人に独特の世界観が示されているとも指摘されてきた（たとえば、ヨーロッパ中世史の阿部謹也氏が講談社現代新書『「世間」とは何か』でそのことを指摘したことが一時話題になった）。

世間は、「世間を騒がせる」「世間にもうしわけが立たない」「世間に顔向けができない」といった使われ方をする。ここからは、世間に対する恐れの気持ちがうかがえる。

この世間ということばは、もともと中国で生まれたことばだが、「出世間」ということばと対になって用いられることで、仏教の世界で重要な意味を持つものとなった。世間は、さまざまな物事が絶えず生起する世界のことをさし、そのなかで生きていれば、どうしても迷いや煩悩《ぼんのう》を感じてしまう。そうしたことから解き放たれた状態が出世間である。

葬式を挙げる際に、世間体ということばはさまざまなところに顔を出す。立派な葬式を挙げれば世間体がいいということになり、その証として、立派な戒名を授かろうとしたりする。

戒名の元は、出家したときに僧侶がつける出家名にあるが、第6章で述べた曹洞宗を起源とする葬式のやり方が広がっていくなかで、死者にも与えられるようになった。

戒名は、世間に存在する階層ということと結びついた。村社会に見られるように、同じ地域共同体の住人たちが菩提寺を共通にしているとき、日頃、菩提寺に対してどれだけ経済的に貢献しているかで、戒名の格が決まった。

村の庄屋や村長など、有力者は、檀家として菩提寺に多く貢献することが求められ、亡くなったときには、その貢献の度合いに応じて、院号のつくような立派な戒名が授けられた。

仏教とは本来平等をめざす宗教であり、まして死者に格差をつけることは、仏教の教えに反するものだが、地域社会の階層構造を維持するために、戒名の格が用いられた。

これは「戒名格差」だが、一度与えられた戒名は、位牌に記され、墓石にも刻まれるので、さらに格差を広げることに結びついていく。

たとえば、地域社会のなかに、それまでは格下の地位にとどまっていたのに、商売に成功するなどして急に羽振りがよくなった家があったとする。その家の人間が亡くなったとき、格の高い戒名を授かりたいと願っても、簡単には許されない。代々菩提寺に貢献していなければ、院号は与えられないのだ。

したがって、昔は、院号のついた戒名を授かる家は少なかった。それが、人々が都市に出てくるようになり、地域共同体の規制から外れるようになると、どの家でも、布施さえはずめば、院号のついた戒名を授かれるようになっていった。それはとくに戦後、高度経済成長の時代になってから進行した事態である。

とくに「院号のインフレ化」が進んだのは、バブル経済の時代である。その時代には、葬式自体が相当に派手なものになり、その分、院号のついた戒名が乱発された。この時代、100万円を超える戒名料を支払った家も少なくなかった。バブル経済の時代を象徴する派手な葬儀の代表が、美空ひばりと石原裕次郎のものだが、裕次郎の戒名料は500万円とも言われた。

もちろん、戒名料は戒名を授かったことに対して支払う布施である。布施である以上、それは出す側の自発的な意思にもとづくものであるはずなのだが、たいがいの場合、寺院から額が示される。寺院にしてみれば、経済基盤を確保する上で、戒名料ほど好ましいものはない。

戒名は白木の位牌に記され、祭壇に飾られる。出棺のときには、遺族の一人が位牌を掲げるので、参列者は、どういった戒名を授けられているのかを知ることができる。墓に埋葬した後には、墓誌に戒名が記される。著名人なら、その戒名がさまざまな形で紹介される。

立派な葬式には、立派な戒名がふさわしい。立派な戒名を授かっていたら、葬式も派手にしなければならない。そうした世間体が働くことで、院号のインフレ化が進行していったのである（戒名について、詳しくは前掲『戒名は、自分で決める』あるいは『なぜ日本人は戒名をつけるのか』ちくま文庫を参照していただきたい）。

世間は力を失いつつあるか？

日本には、「社葬」というものが存在する。これは、企業が主宰するもので、創業者や社長、会長などが亡くなったときに行われる。この社葬、日本にだけある特殊な葬式であるとも言われるが、それも、世間ということが意識されているからに他ならない。創業者などが亡くなっても、会社はしっかりと存続していく。それを世間に向かって示すために、社葬が営まれるのである。

それは、墓についても言える。立派な墓を建てるのは、それで世間体をよくしたいと考えてのことである。青山霊園に１０００万円以上の費用をかけて墓を造るというのは、世間体の存在抜きには考えられない。

要するに、人を葬るという行為は、故人をあの世へ送るための手立てとして行われるものだという体裁をとりつつ、その本質は、遺族の世間体をよくする、つまりは格差を明確な形で示すことにある。

どんな葬式が行われようと、葬式の対象となる故人はこの世にいないわけで、本人には関係がない。もちろん、死後も霊が生き続けるという信仰はあるが、葬式が盛大かどうかが故人の霊の行く末に何らかの影響を与えるというわけでもない。

「こんな葬式では、故人がかわいそうだ」「もっと立派な葬式を挙げてやらなくては」といったことばが、葬式の際に行き交うこともある。それは、故人のことを思ってのことかもしれないが、実際には、粗末な葬式しか出せない遺族を貶めたり、そんな葬式に出なければならない自分をなんとかしてほしいと感じたりするから、そんな発言が生まれるのだ。

しかし、今や世間というものは力を失いつつある。私たちの生活に対して、世間は昔ほどは影響力を発揮しなくなっている。

それも、地域共同体の結束が弱くなり、それとかかわる人が少なくなったからだ。それに関連して、家も重要な存在ではなくなりつつある。

社会がそのように変化してきたのだから、世間や世間体と深く関係した葬式や人を葬るという行為が大きく変容するのも当然である。葬式の簡素化が著しく進行したということは、社会が大きく変化したことを意味する。

そこには、死に方の変化も関係している。昔は、平均寿命も短く、いつまで生きられるか分からないという状況のなかで、私たちは生きていた。実際、乳幼児の死亡率も高かったし、若くして亡くなる人も少なくなかった。50代、60代ともなれば、自分はいったいいつまで生きられるのだろうかと、自らの死を意識せざるを得なかった。

それが、現在の社会においては、平均寿命も伸び、多くの人たちが高齢になるまで生きられるようになった。80代まで生きる人はもう珍しくない。90代、さらには100歳を超えても元気で生きている人の姿はいくらでも目にする。

それによって、私たちは、長く生きられることを前提にものを考えるようになった。老後ということが強く意識されるようになったのも、それと関連する。いったいこのような事態をどう考えるのか。私たちは、その答えを見出せず、人生の行く末に迷いを感じている。

立派な葬式を挙げなくても世間体が悪いと気にしなくなった

近しい人間が20代、30代で亡くなるのと、80代、90代で亡くなるのとでは、周囲の受け止め方は大きく違う。長く生きられるということが前提になっているがゆえに、若くして亡くなることの喪失感はかえって昔よりも強いものになっている。

逆に、80代、90代で亡くなるということは、昔は多くの人たちが夢見て、それでも果たせなかったことだが、周囲の人間は故人は十分に人生を生きたと考えることができる。

若くして亡くなり、まだ十分に生きることができなかったというケースでは、遺族自身が無念だと感じるし、故人も無念な気持ちを抱いたまま亡くなったとそのこころを推察する。だからこそ、ちゃんとした葬式を挙げ、追善供養も欠かしてはならないと考える。だが、大往生を実現した故人に対する思いは違う。

追善供養という観点からしても、大往生を果たしたなら、それ以上の供養は要らない。だからこそ、追善供養を含まない永代供養墓という葬り方が増えてきたとも言える。

むしろ、大往生は目出度《めでた》いことであり、悲しむべきことではない。そう言っても間違いではなくなってきている。

過剰演出の葬式に違和感を持つ人たちが少なくないのも、このように死のあり方が変わってきたからである。葬祭業者が悲しみを強調しようとしても、それは遺族や参列者の思いとは重ならないのだ。

私が、２０１０年に『葬式は、要らない』を出したとき、強く感じたのは、「葬式は、要らない」ということばは、人々の本音だということだった。とくに、葬式を出した経験を持つ人たちは、自分が出した葬式に、後悔の念を抱いており、果たして葬式が必要なものなのかに疑問を抱いているようだった。

しかし、今から振り返ってみれば、「葬式は、要らない」というより、「葬式は、要らなくなった」と言ったほうが、事実を反映していたのではないかと思う。

葬式を出すという行為は、昔は重要なことで、それは残された者の役割とされていた。ところが、社会が変わることで、葬式を出すことの意義が薄れ、それは不要なものになってきた。

最近では、立派な葬式を挙げなければ世間体が悪い、という感覚がすっかり薄れている。たとえ著名人であっても、葬式は身内で済ませたと言えば、何の問題も起こらない時代になっている。

後は、遺骨をどう葬るかということが問題になるが、それも実は、いくらでも解決の方法がある。それについては、すでに述べたので、ここでくり返す必要はないであろう。

葬り方も、もはや地域の慣習にならう必要はなくなった

人の葬り方は地域によって異なり、葬式のやり方は宗派によっても違う。

ところが、多くの人たちは、自分が住んでいる地域の葬り方しか知らないし、自分の家の宗旨に則った葬式しか知らない。たんに知らないだけではなく、自分の知っているやり方が一般的なものであり、他の地域、他の宗派でも同じようにそれが行われていると、無条件に信じ込んでいる。

やり方はさまざまだということに、なかなか気づかない。「秘密のケンミンSHOW」で葬式のことを扱えば、いかに地域による違いが大きいかが分かるはずだが、バラエティーで取り上げる話題とは言いがたい。

したがって、他の地域、他の宗派のことは、皆知らない。僧侶でさえ、他の宗派の僧侶がどういう形で葬儀を営んでいるのか、ほとんど分かっていない。

地域によって、宗派によって違うということは、それがどういうものでも、絶対のものではないということを意味する。ここが大切なところだ。

もちろん、急にその地域に根づいていないやり方をすれば、混乱を招くことにもなる。だが、本来、葬式にしても、墓にしても、こうでなければならないという絶対的なやり方は存在しない。

近代の社会は、地域ごとの差異をなくしてきたと言われている。グローバル化はそれに拍車を掛けた。

しかし「秘密のケンミンSHOW」の番組が成り立つほどに、地方色はまだ豊かだ。かえって、それぞれの地域において新しいものが次々と生み出されている。

人の葬り方ということでは、これまで述べてきたことからも明らかなように、火葬の普及ということの影響は極めて大きい。

火葬が広がっていくなかで、それまであった土葬時代の葬り方は通用しなくなっていくわけだが、それが形を変えて受け継がれている部分がある。従来のやり方と折り合いをつけるために、独特な変化の仕方をしていくことになったのだ。

そのために、なぜそうしなければならないのか、意味が分からなくなることがある。それはしきたりだから従うしかないと言われることもあるが、しきたりには絶対的な根拠があるわけではない。意外とそれは新しく生まれたものかもしれないのである。

少なくとも、私たちはしきたりに無条件に従う必要はない。しきたりは、誰かが不意に思いついたものかもしれないし、窮余《きゅうよ》の一策として編み出されてきたのかもしれない。もっともらしい能書きは後から考え出されたものであることが多い。

果たしてそんなものに従うべきなのか。不都合なもの、意味のないものは、省いて当然だし、実際その方向に向かってきている。

人の葬り方については、ここのところ変化が激しい。私たちは、変容の時代に生きていることを自覚した上で、多様な葬り方があることを知り、その上で、どうするのかを考えるべきなのである。

あとがき

「ところで、先生ご自身のお葬式はどうなさるおつもりでしょうか？」

葬儀の問題について講演をしたとき、必ずそう聞かれる。とくに、『葬式は、要らない』を出してからは、その傾向が強くなった。

この問いにどう答えるべきか、なかなか的確な言い方ができなかった。

だが、ようやく答えが決まってきた。

「卒人式《そつじんしき》をしてもらえばいいと考えています」

卒人式は私が勝手に作ったことばである。人であることから卒業する。それが卒人式の意味するところだ。

卒業式は、それまで学んできた友と別れることで、悲しい面もあるが、人生の一つの大きな区切りであり、目出度い出来事である。

葬式はもっぱら悲しさが強調されるが、人生をまっとうしたということで祝い事として営まれればいいのではないだろうか。

私の場合、2度死を経験している。一度目は、オウム真理教の事件に関連してバッシングを受け、大学を辞めざるを得なくなったときだ。

もう一度は、それから8年後に、大病をして、あやうく死にかかった。

それでもなんとか生き返り、こうして何冊もの本を出せるようになったのだから、いつ死んだとしても、それは目出度いことである。ならば、卒人式として祝って欲しい。

今はそのように考えている。

おそらく、そんな思いを抱いている人たちも少なくないだろう。まして、80歳、90歳を超えての大往生となれば、その人がいかなる人生を歩んできたとしても、よくぞここまで生きたことを祝うことのほうが、一般の葬式よりもはるかに好ましい。

葬式というものが急速に簡素化され、「葬式は、要らない」ということが当たり前になってきたのも、そうした事態が関連しているはずである。

人の死のありようは、時代とともに大きく変わってきた。それにともなって、葬り方も以前とは相当に異なるものとなってきた。

その変化があまりに急であるため、私たちはうまくそれについていけない。それは、葬儀に際して混乱と戸惑いを生むことにもつながっている。

葬式とはいったい何なのか。それを広い視野から見ていくならば、いろいろと知らないことが分かり、私たちがそれにどう対応したらいいかも分かってくる。

葬り方は、地域や宗派によって異なり、かなり多様だ。その事実はなかなか分かりにくいし、それを解説してくれるものもない。

この本が、人の葬り方への迷いを、いささかなりとも払拭することに結びつくなら、著者としてこれほど嬉しいことはない。

島田裕巳

2018年1月30日

著者略歴

島田裕巳《しまだひろみ》

一九五三年東京都生まれ。

宗教学者、文筆家。東京大学大学院人文科学研究科博士課程修了。

放送教育開発センター助教授、日本女子大学教授、

東京大学先端科学技術研究センター特任研究員を歴任。

主な著作に『日本の10大新宗教』『平成宗教20年史』『葬式は、要らない』

『戒名は、自分で決める』『浄土真宗はなぜ日本でいちばん多いのか』

『なぜ八幡神社が日本でいちばん多いのか』『靖国神社』『八紘一宇』（すべて幻冬舎新書）、

『世界はこのままイスラーム化するのか』（中田考氏との共著、幻冬舎新書）、

『0葬』（集英社）、『死に方の思想』（祥伝社新書）、

『戦後日本の宗教史』（筑摩選書）『天皇は今でも仏教徒である』（サンガ新書）、

『ジョン・レノンは、なぜ神を信じなかったのか』（イースト新書）等がある。

幻冬舎新書 491

葬式格差

二〇一八年三月三十日 第一刷発行

著者 島田裕巳

発行人 見城 徹

編集人 志儀保博

発行所 株式会社 幻冬舎

〒一五一-〇〇五一 東京都渋谷区千駄ヶ谷四-九-七

電話 〇三-五四一一-六二一一(編集)

〇三-五四一一-六二二二(営業)

振替 〇〇一二〇-八-七六七六四三

ブックデザイン 鈴木成一デザイン室

印刷・製本所 株式会社 光邦

Printed in Japan ISBN978-4-344-98492-9 C0295

し-5-11

幻冬舎ホームページアドレス http://www.gentosha.co.jp/

＊この本に関するご意見・ご感想をメールでお寄せいただく場合は、comment@gentosha.co.jp まで。